JN125323

人生を賭けて「家」を買った人の末路

屋敷康蔵 Yasuzo Yashiki

年収1000万円で住宅ローン破綻する人、年収300万円でも完済できる人

PHP研究所

まえがき

夢のマイホーム……。

多くの人にとって「人生最大の買い物」となる住宅。

その住宅を購入する際、有り余るお金を持っていればなんの心配もいりませんが、そうではない多くの人は当然「住宅ローン」という、それこそ博打《ばくち》に近い借金を背負うことを忘れてはなりません。

しかし、その夢の実現に向かう途中、どういうわけか「夢の代償」について語られることは少ないのです。

それもそのはず、**一般的な住宅ローンの借入期間とされている30年、35年先などという自分の未来は、誰も予測不能**です。終わってみないと正解が分からない「見えない未来」は、現在の「夢」にかき消されてしまいます。

そして**「夢」を増幅させるのは、マイホームを計画するあなたを取り巻く人々**です。

つまり、あなたの夢のマイホーム計画をサポートしてくれる住宅メーカー・金融機関、そして、すでにマイホームを購入したあなたの周りの人達です。

住宅メーカーは住宅を販売するのが仕事であり、金融機関は貸付残高を増やすのが仕事です。マイホームをすでに手にしているあなたの身近な人達は、間取りの不満や失敗談、住宅メーカーへの不満は口にしても、自身の生々しいお金の苦労は口にしません。

これからマイホームを手に入れようとする人達にとって、「住宅ローン」という借金に対するネガティブな情報は、ぼんやりとした形で隅に追いやられ、計画がスタートします。

家づくりに関してはとても親身になってくれる住宅メーカーの営業マンも、金融のプロといわれる金融機関の人間も、お客様であるあなたを極力不安にさせないのが「鉄の掟《おきて》」です。

住宅の購入経験者なら分かる、決して「借りる」ことがゴールではない「住宅ローン」。

本書では、夢だけ与えられて買わされるという風潮に警鐘を鳴らし、**「夢のマイホームを手に入れるために知っておくべき不愉快極まりない現実」を白日の下《もと》に晒《さら》します。**そして、**ネガティブなことも含めて理解することで、今一度、冷静に住宅購入計画全体をあなた自身のアタマで考えていただくきっかけになれば幸いです。**

人生を賭けて「家」を買った人の末路　目次

第1章 人々を魔法にかけてしまう「住宅展示場」という異空間 ―夢の始まり―

第2章 夢のマイホームを託せる営業マンと住宅メーカーとは

第3章 住宅ローンは「段取り8分、仕上げ2分」
―夢の仕上げと代償―

第4章 新築の感激はひと時、住宅ローンの支払いは一生 ——夢の末路——

第1章

人々を魔法にかけてしまう「住宅展示場」という異空間

― 夢の始まり ―

優秀な「住宅営業マン」ほど詐欺師

「そろそろ新築の一戸建てでも……」と考えた時、皆さんは最初にどんなアクションを起こしますか？

今の時代は、手始めにインターネットなどで住宅メーカーのサイトを覗《のぞ》いてみる人も多いと思いますが、やはり実際に体感できるのは「住宅展示場」です。たしかに、住宅の性能や仕様などの情報はネットでも十分確認できることが多いのですが、たとえば高気密・高断熱などが売りの住宅では、その暖かさや涼しさなどは実際にその「家」に入ってみないと分かりません。だから皆、まずは「住宅展示場」に足を運ぶわけです。

そして、ドキドキしながら住宅展示場に行くと……どこからともなく絶妙な距離感であなたの担当となる「住宅営業マン」が現れます。この出会いが運命の分かれ道となる可能性があります。その後の夢の計画がスムーズに進むかどうかが、すでにここで決定するといっても過言ではありません。また、住宅メーカー側もこの営業マンの「最初の印象」で契約になるかどうかの明暗が分かれるため、営業マンの教育には力を入れています。だか

ら第一印象は、大事なんですよね。

住宅メーカーの営業マンにかかわらず高額商品の営業マンは、基本「身なりやにおい」などには異常に気を使います。そりゃそうです。貧相な人間から数千万円もする住宅を買おうとは間違っても思いません。そしてそれが、住宅メーカー側の教育でもあります。

「営業担当の熱心さが決め手だった！」「とにかく親身になって相談に乗ってくれる！」などと絶賛される営業マンから、「とんでもない詐欺師だった！」「契約したら手のひら返しでなしのつぶての音信不通だ」なんてことを言われる営業マンもいます。その評価は実にさまざま。

ただ一つ間違いなくいえることとして、**住宅営業マンは皆、「歩合で働く労働者」**であるということです。

営業の世界はどこも大変なのは周知のとおりですが、その中でも「住宅営業」はどんな業種よりも群を抜いてハードワークであることは間違いありません。成績のいい営業マンになればなるほど休みもなく、それこそ朝から晩まで365日、携帯にお客様からの電話が鳴りっぱなしの状態になることもあります。

そんな自己犠牲を埋め合わせるのが、対価としての「お金」です。住宅営業マンの給与体系はどこのメーカーもほぼ一緒で、「固定給＋高率歩合給（インセンティブ）」で成り立っています。

固定給とは名ばかりの、生かさず殺さずの金額です。それこそ固定給だけでは微妙に生活苦に陥《おちい》る設定で、住宅を売らないとまず生活ができない仕組みになっています。住宅業界の営業マンの募集広告を見てもらうと分かるとおり、そこでは高率歩合給を餌に、一年中募集がかけられています。

つまり、住宅営業を志す人の動機はズバリ「お金」なんです。

もし、住宅営業マンになった動機が「お客様の一生に一度の大きな買い物に関わるとてもやり甲斐《がい》のある仕事だから」などと本気で言っている営業マンがいるとしたら、正気の沙汰《さた》ではありません。それはよっぽどの世間知らずか、奇人変人であることは間違いないでしょう。

そんな稼ぎたい人達が集まる欲望うず巻く業種が「住宅営業」です。まぁこれは住宅営業に限らずマンション販売や不動産の世界全般に共通することですが、昔から不動産関連の営業は「千三つ屋（千の言葉の中に3つしか真実を言わない）」とか、「見た目弁護士、心は詐欺師」などと言われてきました。

実際にこの業界で生き残る人間やトップセールスといわれる人達は、少なからず、詐欺師的な要素を持ち合わせているのは確かです。騙すという意思はないにせよ、お客様から短期間に信用を勝ち取るためには、それなりの演出や策略は必要不可欠です。

あなたの目の前の笑顔の素敵な営業マンは、決して契約を欲しそうな顔を見せません。穏やかな笑顔で、呼吸をするかのごとく自然にあなたの情報（収入や勤務先など）を聞き出し、契約までの道案内をします。

本当に正直な人で、純粋に自分のことを思って接してくれているように見える営業マン、「この人ならさすがに任せて大丈夫だろう」と信じられる人……そうした演出を巧みにできる人間が、本物のプロの「住宅営業マン」であることを忘れてはなりません。

お客様にとっても一生の買い物ですから、営業マンに過剰な期待をします。しかし、その反面、裏切られたと思った時の落胆は大きくなります。

「一流の詐欺師」というのはそういうものです。

余談ではありますが、住宅メーカーによっては面白い試みをしているところもあります。住宅メーカーを訪れた時に、最初にたまたま付いた営業マンが担当となるのが通例ですが、逆に「担当者指名制」をとっている住宅メーカーがあります。住宅メーカーの入り口に「担当者指名制」と書かれたボードが貼られており、在籍営業スタッフの顔写真やプロフィールなどが書かれたものが掲示されているのです。そこには家族構成や趣味、この仕事に対する意気込みなども詳細に書かれています。これを見て希望する場合は、入場前に営業マンを指名して担当になってもらうことができるという謎の制度です。

そのボードには、当日休みの営業マンは「本日公休」、出勤している営業マンには「本日待機中」という札も貼られています。よほど本社のお偉いさんが接待をともなう夜のお店が好きなのかもしれませんが、発想が斬新過ぎてドン引きするお客様も少なくないでしょう。

住宅展示場は幸せの総仕上げの「最初の入り口」

住宅メーカーを訪れるお客様の年齢層は幅広いですが、やはり飛び抜けて多いのは30代で、次に40代、20代という年齢層が続きます。

なぜ、この年代が多いのでしょう。住宅購入に際しては「住宅ローンの完済年齢を考えて」という堅実な考え方が影響するからです。

ただ、住宅購入の動機はそれだけではありません。

その人を取り巻く環境にも大きく影響されるからです。

一般的に30代といえば、仕事も安定してきて、結婚して家族を持つ年齢層。子供が生まれる直前、あるいは生まれたばかりの人達も多いのです。また、ある程度頭金が貯まる時期でもあるかもしれません。

それと、もう一つ大きいのが「幸福度」という気持ちの要因です。

充実感のない環境において、人は住宅を買おうとは絶対に思いません。夫婦仲の悪い状況でも同じことがいえます。家庭も仕事も、精神的にもある程度充実している時、多くの人にとって幸せの絶頂期に「住宅展示場」に足を運びます。つまり、マイホームを手に入れるというのは幸せの総仕上げなのです。

幸せ指数上昇中のお客様に「王手」をかける営業マンの接客手法

住宅展示場というのは、ある程度購入意思・意欲がある人しか来場しないものです。もちろん、ただどんな感じか見たいだけという人もいますが、潜在的には少なからず購入意欲はあるものです。

しかも、飛び込み営業と違い、お客様のほうから来るのですから、そういう意味では

「受身」の営業かもしれません。そして何より幸福度絶頂期の、いわば気持ち的に「仕上がっているお客様」ですから、売り込むのではなく「背中を押して」あげればいいだけです。

さまざまな住宅展示場をすでに見てきた人は別ですが、初めて住宅展示場を訪れたお客様は、その豪華な展示場仕様を見せられることで、ボンヤリとした夢に「色」が付き始めます。

必要以上に大きな玄関ホール、オシャレな照明、最新の設備、そしてお客様の気分を盛り上げるためのBGM。お客様には、営業マンが言葉で説明したことよりも、自身の五感で感じたことのほうが強烈に印象に残ります。そういう意味でも「住宅展示場」は、素晴らしい営業ツールであることは間違いありません。

展示場では、あくまでお客様に夢を見てもらうのが目的のため、営業マンもあまり目立った売り込みはしないでしょう。ただ、自由設計なので間取りは自由に決められることをアピールしておくだけでいいのです。ここで営業マンが「断熱材が○▼■で基礎の鉄筋が……」などと細かいことを説明したところで、お客様はほとんど聞いていませんし、記憶にも残りません。

これは、私が以前勤めていた住宅メーカーの流れですが、住宅展示場のご案内後は「シヨールーム」と呼ばれる、設備関係の実物（キッチン・ユニットバス・トイレ・クロス・外壁などなど）が並ぶ場所へ移動していただきます。そこには「商談テーブル」が置かれており、そこで初めて商談に入る準備が整うわけです。

商談テーブルについていただく前には、現物のサンプルが並ぶショールームのご案内をし、「契約した方はここでお好きなものを選んでいただくんですよ」「奥様だったら、キッチンはどれがお好みですかね？」「お色は」などと契約前からここで遊んでいただくのです。

まるで契約した後の打ち合わせのように丁寧に接客し、「もう、ここにあるものすべてがあなたのもの」であるかのごとく、まるで王様・女王様のように扱われることで、気分だけはすでに住宅購入者となるわけですね。

一通り説明し、最後はテーブルで「お金の話」です。ここまで夢を見せられては、どんなお客様でも「一体、どれくらいの金額がかかるものなのか？」「いくら借入れすればよいものなんだろう？」「毎月の返済は？」などと、現実的にお金のことを考えるようになるのが自然な流れです。

ですから、最後のシメは商談テーブルで夢を現実にしていきます。

「では、お帰り前にカタログを準備してきますので、お飲み物でも飲みながらこちらのお席でお待ちください」と着座していただきます。最新設備に囲まれたお客様の中には、営業マンに「座って待っててね」と言われても、座っていられずに、ご夫婦で「こっちのタイプがいい、こっちの色のほうがいい」などと和気あいあいと盛り上がっている方も多いのです。

そうなれば営業マンから見たお客様の「仕上がり具合」も、この時点では上出来といえるでしょう。そして最後は希望の間取りや部屋数などを聞き、毎月の希望返済額なども確認しながら、「次回お会いできるきっかけ」をつくり、アポイントを取ります。

購入意欲の高いお客様にはあえて初回の来場では詰め過ぎず、「夢8割、現実2割」程度の商談でお帰りいただく。借入上限額を確認するために、年収くらいは聞いておくことはあっても、建築費の総額や間取り図面に関しては次回の宿題とさせてもらい、とにかく期待感だけを持たせたまま次回につなげるのが鉄則です。

そして2回目の商談で、初めて具体的な資金計画や間取りについての打ち合わせとなります（資金計画については第3章で、あらためてご説明します）。

ちなみに**住宅メーカーというのは、契約前のお客様に対して本腰を入れて間取りの打ち合わせなどは絶対にしません。**

住宅メーカーもボランティアではないので、契約するかどうか分からない人に対してま

で、**「本設計」には入らない**ということです。あくまで資金計画のベースにするための間取り図面であって、実際の設計部門を動かして、構造計算云々《うんぬん》はまだ先の話なんですね。契約前にお客様に提示するプランや図面などは、お客様に対するパフォーマンス的要素が強く、実行図面の土台づくりといったところでしょうか。幸い、今は「設計ソフト」や「間取り作成ツール」といった優秀なＣＡＤソフトが巷《ちまた》に溢れているため、パソコン一台あれば素人《しろうと》でも簡単に間取り図面などは作成可能な時代になりました。

住宅メーカーはその中でも多少スペックの高いＣＡＤソフトを採用し、商談テーブルに設置されたパソコンを使い、営業マンがお客様の目の前でまるでパズルでもしているかのように、いとも簡単にサクサクと間取りを作成していきます。ひと昔前のように「間取りの要望を聞く→手描きで図面を起こす→数日後に提示」という時代ではないのです。

図面に変更があれば、お客様の目の前でリアルタイムに修正できる時代なんですね。さらに平面だけではなく、つくった図面を立体的に３Ｄで見せ、内装材や外壁の色まで選んで反映させることもできます。トドメはその図面を立ち上げ、玄関から入って中を歩くこと（walk in home）までできてしまうわけですから、盛り上がらないわけがありません。

ここまで夢に色が付いてしまったお客様は、よほどの理由がない限り、計画自体をゼロに戻すことは考えにくいでしょう。仮に、最初に来場した住宅メーカーで契約しないにしても、3年以内にはどこかのメーカーで契約していることが統計上も証明されています。

住宅展示場に現れるハンター達

住宅展示場にはある程度購入意欲のある方が来場すると述べましたが、当然ながら、中には「ひやかし」ともいえるお客様が存在するのも事実です。こればかりは仕方がないことです。

住宅展示場では、「イベント」も客寄せのために定期的に行います。ヒーローものや着ぐるみを着たキャラクターのショーを行ったり、来場者に「お米」や「QUOカード」「マックカード」などをプレゼントしたり、季節ごとの行事なら、お正月には「福袋」プレゼントなど、実にさまざまなイベントが開催されます。このようなイベントでは必ず「物もらい」的なご家族が登場するのです。業界内で通称「ハンター」と呼ばれる人達です。

イベントの度に現れる同じ顔ぶれのハンター達。社内でほぼ「指名手配化」されているこの人達のことは、膨大な数のお客様と接する営業マン達も覚えています。住宅購入の意思などさらさらなく、明らかに景品だけを目当てに来場しているわけで、営業マンとしては正直面倒なお客様です。一度景品のゲットに成功すると、間違いなく常連化するのでその顔ぶれは決まってきます。

新規の場合でも、景品狙いの「ハンター」は来場時の雰囲気で大体察しがつきます。初回の来場時に営業マンが一生懸命説明をしている最中も、ご家族の視線は一斉に展示ブースに並べられている景品に釘《くぎ》付けですから。むしろ、購入意思がないなら、もらうものだけもらってサッサと帰っていただきたいというのが本音です。厄介《やっかい》なのは、「ハンターと思われたくない」という後ろめたさからなのか、興味もないのに展示場を見て回る人達が大勢いることです。

しかし、住宅を購入するお客様とハンターとでは、明らかにその展示場における行動が異なります。「ウエーイ！」とベッドに横になってみたり、何も入っていない冷蔵庫を開けてみたり、ベランダに出てみたり……と謎の行動が多いのも特徴です。お菓子の詰め放題では、袋の底が抜けても両手で底を押さえて詰めまくる強者《つわもの》もいます。

住宅営業マンの「ご予算は？」＝「あなたいくらまで借りられる人なの？」

住宅展示場に行った時、ぶしつけに「ご予算はどのくらいでお考えですか？」なんて聞かれて、ちょっとイラッときた経験はありませんか？　そんな時、こう思う方も多いのではないかと思います。

「そんな、いくらするかも分からないのに、なんと答えたらいいものやら……」

通常は、買い物に行く時には、自分の財布にいくら入っていて、目的のものが大体いくらするものなのかくらいは確認してから出かけるのではないでしょうか。でも、住宅だけは皆それをしません。なぜでしょう……。

注文住宅の場合、既製品とは違い、ゼロから積み上げていくものなので、金額がなかなか摑《つか》みにくい商品だからではないでしょうか。

もちろん、全額自己資金で購入しようと考えている方は話が別です。手持ち金の上限が決まっていますから、それが「予算」となるでしょう。しかし多くの場合、住宅ローンを組んで購入するため、「いくらの住宅を買うか」ではなく、「かかる費用を借りるしかない」という発想の人がほとんどです。

そのため気の利いた営業マンなら、お客様にこう聞きます。

「お客様の毎月の返済希望額はどれくらいでしょうか？」

「予算」などと返答に困るような質問をされるくらいなら、こちらの問いのほうがまだマシではないでしょうか。**「毎月の返済希望額」から追えば、自動的に総借入額の上限が割り出され、総借入額の上限が分かれば、その人が住宅にかけられるお金（予算）も具体的になってきます。**

最終的に残る問題は、そのお客様の希望借入額が、本当に「借りられるかどうか」という点だけです。話は前後してしまいましたが、**お客様の「財布の中身」は、そのお客様が「どれくらい金融機関から借りられる人なのか」**を意味します。ですから、住宅という買い物は財布の中身（予算）を確定させるためにも、「いくらまで借りられるか」を知ることがとても重要なのです。

住宅展示場はお客様の気持ちを高揚させるテーマパーク

住宅メーカーを訪れた時、最初に案内されるのは「モデルハウス」です。それはお客様の新築計画の火付け役を担い、各住宅メーカーの最新技術とアイデアを結集した最高傑作です。人との出会いでもよくいわれることではありますが「第一印象」って大事ですよね。

だからこそ、この「モデルハウス」の印象は、その後のお客様の住宅メーカー選びを大きく左右します。

「なんかこのモデルハウスの間取りイマイチだなぁ」と、お客様が感想を漏らしたとします。慌てた営業マンが、

「いやいや、これはあくまでモデルハウスなので……。実際には自由設計ですから、お客様のお好みで間取りはどうにでもできますよ」

などと言ったところで、後の祭りです。お客様が受けた最初の印象・視覚のインパクトは強力で、極論をいってしまえば、「モデルハウス」=「その住宅メーカー」の印象が植

え付けられてしまうのです。これが不思議な展示場マジックです。

ですから、どこのメーカーもモデルハウスを必要以上に豪華に仕上げます。不思議なのは、お客様も普段生活する「日常」を買いに来ているはずなのに、生活感のない「非日常」に気分を高揚させることです。そのため「住宅」とは本来は関係のないはずの「インテリア」にも非常に気を使います。リビングに置かれているソファーや飾られた絵画で、キッチンにある食器やテーブルなど、ハイセンスな家具や小物で演出するのです。

本来なら建物の大きさも現実的な大きさにして、設備関係もオプションなしの標準的仕様のモデルハウスこそが、お客様にとっては大切な情報のはずですが、それでは客が付かないというのが悲しい現実です。

とにかく、無駄なんじゃないかというくらい大きく豪華につくり、オプションだらけの仕様にすることで、初めてお客様は「うわぁー、素敵！」「スゴーい！」という印象を持ち、そのメーカーに興味を抱いてくれるのです。

モデルハウスの仕様を、「お客様のために」と良心的なショボいつくりにしてしまえば、その時点で他社競合での負けが確定。商談のチャンスもないのです。

しかし、実際に大手住宅メーカーのモデルハウスの仕様のまま建築しようものなら、それこそ坪単価１００万円のコースになることは間違いないでしょう。

悪意はないにせよモデルハウスでお客様を釣って、実際の仕上がりはモデルハウスとは程遠いマイホーム仕様で落胆する……という構図はよく聞く話です。これは夢を買いに来るお客様には申し訳ないことながら、群雄割拠《ぐんゆうかっきょ》する住宅メーカーにとっては、他社競合に打ち勝つ手段として致し方ない戦略なのかもしれません。

住宅展示場に来場した瞬間から、あなたは値踏み(プロファイル)されている

住宅営業は優秀な営業マンになればなるほど、お客様に対する見極めが早いのが特徴です。住宅営業では「本当にお客になるかどうか」を見極める感覚がとても重要であり、営業マンは常にその感覚を研ぎ澄ましてお客様と向き合っているといっても過言ではありません。

それは、お客様が住宅展示場に来場された時からもうすでに始まっています。乗っている車とその車内、身に着けている衣服やアクセサリー、履いている靴など……。展示場のモデルハウスに上がる時の靴の脱ぎ方も、そのお客様の生活背景や習慣を知るうえでのヒントになります。営業マンは密かにお客様を観察しているのです。

「お客様の生活レベルは？」「借金をしてまで、収入以上の生活をしていないか？」「お客様はそもそも住宅購入を考える環境や思考になっているか？」など、会話からでは読み取れない部分も、お客様を観察しながら想像力をフルに働かせ、まるでＦＢＩ捜査官のようにプロファイルします。

決して「高価なものを身に着けているから、お金を持っている」ということではなく、住宅を購入する方に共通する「堅実性と生活の充実」を感じられるかどうかが大切なのです。

当然、想像でしかないので１００％の正解ではありません。しかし、傾向としてはあながち間違っていないことは確かです。たとえば、ベンツやＢＭＷなどで颯爽《さっそう》と乗り付けるお客様は見栄っ張りが多く、自己資金の持ち合わせは意外と少ないものです。反対にプリウスに乗っている年配の方は、堅実に小金を貯めていることが多い。車内が散乱しているお客様は、家の中もゴミ屋敷であることがあります。

また、子供を４人も５人もゾロゾロ連れてくるお客様は、お金に関しての計画性がなく、住宅ローン審査の時に既存借入れがガッツリあることが判明するケースも多い気がします。

そういう意味で、早い段階でそのお客様が住宅ローン申込みで問題が発生しないか、住宅メーカーと契約前に手付けとして支払う契約金が払えるかどうか、住宅を購入する計画自体が頓挫《とんざ》しない客なのかどうか、などを分析しておくことが、住宅営業マンとしては重要な課題なのです。

住宅展示場の「FP相談会」。雇われFPに保険見直しをされる恐るべき手口

住宅展示場で、「FP無料相談会」というイベントを開催している住宅メーカーを見かけることはありませんか？　住宅展示場にFP（ファイナンシャルプランナー）を呼び、営業マン目線ではなく、第三者の目線でお客様からの住宅購入のローン返済などについて相談に乗ってもらおうという趣旨の相談会です。

通常は、住宅メーカーの個室を貸切りにして、住宅メーカーや営業マンは一切関与しないという場をつくります。FPは住宅メーカーから提示された見積もりや返済計画を基に、お客様の収入・家族構成・将来の人生設計を踏まえ、ライフプランを作成します。今回のマイホーム計画が妥当かどうか、光熱費等も含めて節約できるポイントなどもアドバイスしてくれます。

FPは、基本的にどこかの保険会社に所属している人がほとんどです。しかし普通に考

えれば分かることですが、住宅メーカーに呼ばれるFPには、住宅メーカーの息がかかっていることはいうまでもありません。

当然、お客様が来る前にFPと営業マンは事前打ち合わせをしています。住宅メーカーが提示した資金計画を指して、「この計画には無理があります」なんて、お客様に言うはずもありません。

「まぁ、この資金計画なら大丈夫でしょう。これならお客様の収入的にも無理なく返済可能ですし、問題ありません」

そうお墨付きを与えるためにFPはいるのです。

しかし、FPもボランティアではありません。どこかで儲けなくてはならない。それができるのが今加入している保険であり、「ケチ」をつけられる部分を探し出します。節約できるポイントとして、現在加入している保険の見直しを強く勧めてくるのです。つまり、ここからがFPの先生の本業なのです。

住宅メーカー主催のFP相談会とは、住宅メーカーにとってはお客様の住宅購入の背中をもう一押ししてもらえる機会であり、FPにとっては「保険の勧誘」というビジネスの場を得ることができるという仕組みです。あくまでも**住宅メーカーの「仕込み」であることを覚えておいてください。**

ＦＰ相談会を終え、個室から出てきたお客様に、営業マンが「どうでしたか？」と声をかけると、お客様は「とても参考になりました」と満面の笑み。そのお客様の手には、決まって新しい保険のパンフレットが握らされている……。こんな風景が住宅展示場では日夜繰り広げられています。

ネガティブな情報を徹底的に排除する、夢の国「住宅展示場」

住宅営業は、お客様に「夢」を与えるのが仕事……。そのため住宅展示場に来たお客様を徹底的に夢の世界に引きずり込み、極力「ローンの不安」から目を逸《そ》らさせます。それが営業マンの仕事といっても過言ではありません。

住宅の夢とローンの不安が五分五分の状態では、購入する決断には至りません。住宅は衝動買いともいわれるとおり、お客様に住宅を購入させる「衝動」を起こさせる必要があるのです。だからこそ、住宅メーカーの接客とは、お客様の気持ちを衝動的にするための「お客様を主人公にした一つのストーリー」をつくり上げることともいえます。

家を買いに来る人や展示場に来場する人はある程度、幸福度を満たしている人が多

く、グラフで表すと幸せ指数は上昇途中といったところでしょう。そして、その最終的な目標として「マイホーム」がある方が多いのです。ですから、とにかく展示場では説明より体験してもらうことで、お客様はそこに住む自分をイメージすることになります。

豪華展示場のイメージの余韻を残したまま、ショールーム案内、間取り相談と御輿《みこし》にかつがれている気分になり、夢はさまざまに彩られていきます。初回のお客様に対しては、「住宅ローン」という現実には必要以上に触れず、とにかく夢に彩りをつける作業に徹するのが住宅営業マンです。

「鉄は熱いうちに打て」とは昔からよくいったもので、気持ちを高揚させ衝動的になったところで、最後に「住宅ローン」についての話。ここでも営業マンは住宅ローンの不安を「借りた後の不安」から、「借りられるかどうかの不安」に巧みにすり替えます。

正直、住宅ローンを借りた後の不安など考え出したらキリがありません。むしろ、そんなことに焦点を当てたらお客様の購入意欲が減退するのは至極当然のこと。だから、営業マンは近年の住宅ローン審査の厳しさに重点を置き、「借りられるかどうか」に論点を逸らします。

そして夢を膨らませたお客様は最後の「住宅ローン」審査が通ったことで、「審査に通ってよかった！」と喜び、営業マンは「おめでとうございます！」と祝辞を述べることでストーリーは締め括《くく》られるわけです。

住宅営業マンにとって、お客様の「住宅ローン」に対する不安は命取り。いかに住宅ローンを不安にさせないで（不安に気づかせないで）、契約まで持っていけるかが腕の見せ所なのです。実際、打ち合わせが長期化するお客様は成約率が下がります。なぜなら時間というものは、お客様を冷静にさせてしまうからです。「我に返る」といったほうがいいかもしれませんが、お客様の衝動性・購買意欲はピークまで行くとあとは下がっていくもの。そういう意味では、冷静な判断ができる時には、人は住宅という大きなものは買わないのかもしれません……。

「住宅カタログ資料請求」。翌日にはドアノブがもげるほど大量にぶら下がる

住宅展示場回りをするにも、数ある住宅メーカーすべてを見るなんていうことは現実的ではありません。ですから、最近ではインターネットで事前に資料請求をして、住宅メーカーを絞り込んでから来場する人も多くなりました。ネットで複数社まとめて資料・カタログを取り寄せることができるのですから、便利な時代になりました。

ワンクリックで数日後にはいろいろな住宅メーカーからカタログが届くのですから、ワクワクしますよね。一括資料請求をすると、まずは各住宅メーカーの本社にメールが届き、すぐに最寄りの支店や営業所にそのメールが転送されます。そして担当者が割り当てられ、その担当の判断で郵送か持参で資料が届けられます。

お客様とすれば、「数日後に郵送で送られてくるんだろうなぁ」くらいの軽い気持ちでカタログを取り寄せているとは思いますが、現実はそんなに甘くはありません。前に展示場の営業は「受身」と書きましたが、今は住宅業界も厳しい状況のため、展示場でお客様を待つだけではやっていけません。

ですから、資料請求の依頼があれば、すぐにでもカタログを自宅に持っていくくらいの「攻め」の営業が必要な時代なのです。

しかし、お客様としては迷惑な話かもしれません。展示場に行って営業をかけられるのが嫌だから、まずは「資料請求」をしているのに、翌日には営業マンが来てしまうわけですからね。

ミサイルの一斉射撃のごとく、営業マンはお客様の自宅を突撃訪問します。もちろんアポなしです。下手にアポを取ろうと電話などしようものなら、「来なくていいから、郵送しといて」と言われておしまいですからね。営業マンはどこのメーカーよりも早く、それこそ1番の到着を目指します。なぜなら、お客様は最初に来た営業マンの話は意外とよく聞いてくれるものですが、立て続けに2番目、3番目と訪問される頃には「恐怖」を察知し、ドアも開けないケースが多いことを分かっているからです。

私が住宅営業マンだった時、資料請求されたお客様のご自宅を訪問して玄関先でお話をしながらふと振り返ると、すぐ後ろに他メーカーの営業マンが2人並んで順番待ちをしているなんていうこともありました。営業マンであるこちらが「はじめまして」でも、次から次へと入れ替わり立ち代わり訪問されるお客様にとっては、迷惑以外の何ものでもありません。

そこでお客様がちょっとでも興味を持っているそぶりなど見せようものなら、その後もいろいろな住宅資料を小出しに持って、頻繁《ひんぱん》に訪問する営業マンも出てくるはずです。はっきりと「NO」と言えるお客様ならいいのですが、そんなお客様ばかりではありません。中には短期間にあまりにたくさんの営業マンが来たため、ノイローゼ気味になってしまったお客様もいます。

しかし、営業マンも必死です。ワンクリックが、そのくらい想像を絶する事態を引き起こすケースもあるということです。もちろん、ネットの一括資料請求の入力欄には、「訪問不可・郵送希望」という項目を選択することもできますが、そんなもので安心はできません。

最近は、夫婦共働き世帯も多いので、そういうご家庭は当然日中は不在となります。そうなるとカタログ等は置いて帰るしかないわけです。住宅メーカーのカタログは最低でもＡ４サイズ、もしくはそれ以上の大きな冊子になるため、なかなか郵便ポストに入りません。

つまりは、考えることは皆同じ。玄関のドアノブにぶら下げて帰るわけです。帰宅した時、ポストは見なくても玄関は必ず通りますからね。これも１番に来る営業マンならまだいいのですが、ちょっと時間を遅らせ、夕方などに持っていこうものなら、すでに他社のカタログが複数ぶら下がっています。さしずめお客様が帰ってこられる頃には、ドアノブが回せないくらい大量にぶら下がっていることでしょう。

基本「行ったもん勝ち」と考える攻めの営業マンは、「もし、訪問して本気で怒るようなお客様だったら、そもそもその先もお客様にはならない」と、テストクロージング（お客様の意思確認）の意味であえての「訪問」を試みることもあるのです。

もう一つ、年配の営業マンに多いのが、お客様にとっては「営業マンのしつこさも、いずれは熱心さという解釈に変わる」と考える、いつの時代の話をしているのかと思える独自理論を地で行くタイプです。お客様も本当に大変です。

column1

住宅メーカー、お得なマル秘交渉術。絶対月末1週間前を狙うべし！

住宅メーカーの営業マンは毎月ノルマが与えられ、契約に追われます。ということは、それを逆手に取れば、お客様の側が上手に買い物をすることも可能になります。住宅メーカーの毎月の締めは大体、月末に設定されています（稀《まれ》に月中が締めのメーカーもありますが）。

そして、月末に照準を絞っているので、比較的月初はのんびりしている営業マンも多いでしょう。ですから、月初に来場するお客様と月末ギリギリに来場するお客様とでは、営業マンの扱いが当然違ってきます。営業マンが月末のノルマが足りなくて追い込まれている時は、お客様にとっては絶好のチャンスなんですね。

住宅メーカーの「サービス」や「値引き」というのは、これもメーカーにもよりますが、営業マンの裁量でできる範囲が定められている場合があります。

営業マンも値引きや余計なサービスをしなくて済むものならあえてしませんが、ここは勝手なもので、サービスしてでも（契約を）取りたい時は、ある程度無理もするものです。

営業マンの範囲を超えたサービスは、その上の所長や支店長クラスに相談します。ただ、月末に追い込まれているのは、その支店の数字を任されている所長クラスも同じこと。

所長の権限を超えていれば、今度は本社の部長クラスに相談することでしょう。もちろん、その営業所や営業マンのその月の数字が厳しい状況という前提ではありますが、「言ってみるのはタダ」です。むしろこのご時世、追い込まれていない営業マンは少ないので、足元を見るような交渉かもしれませんが、月末に住宅メーカーへ来場するのは、実はお客様にとって「特典」が多いかもしれません。

第2章

夢のマイホームを託せる営業マンと住宅メーカーとは

営業マンにとって所詮は「毎月の売り物」という悲しい温度差

住宅業界はクレーム産業ともいわれます。経験された方は分かると思いますが、注文住宅の場合はとにかく決めることが多い！　間取りはもちろんのこと、キッチン・ユニットバス・トイレなどの住設機器から、クロス・床材・建具などの内装、そして外壁・屋根・雨樋《あまどい》など……加えてそれぞれ「色」まで決めなくてはならないのですから、間違いは起こりますよね。というより、決めた張本人が覚えていないなんていうこともあります。

もちろん、決めた内容は打ち合わせの記録として、その都度複写の書面に残して、双方で保管していくのが通例です。仮に間違って発注しても、最悪、発注し直せばいいだけのことなので、仕様間違いくらいのミスは意外となんとでもなるものなんですね。

実は住宅業界のクレームは、ほぼ「人災」。お客様と営業マンとの意思疎通ができていないことと、対応に関する些細《ささい》なことがほとんどです。たとえば、営業マンが「連絡をよこさない」「約束を守らない」などと、人としてどうかと思うことから、「営業マンの都合でなんでも決める」「契約前と態度が明らかに変わった」などまで。**特にこの「契約前と**

契約後の態度の変化」というのは、まさに住宅営業マンの本質を象徴する代表的なクレームです。

これは先述したように、お客様が営業マンに求める「契約の重さ」と営業マンが感じている「契約の重さ」には大きな乖離《かいり》があるという、悲しい現実が表面化してしまったものといえましょう。

お客様にとって、住宅は「一生に一度の大きな買い物」です。何千万円も借金をして契約したのだから、それなりの扱いをしてもらって当然だというのが、お客様の共通認識です。一方の営業マンも、これが「一生に一度の大仕事」で、一生食べていけるだけの報酬が得られるのであれば利害は一致するのですが、そういうわけにはいきません。**営業マンにとって、所詮は「毎月の売り物」でしかない**のです。住宅営業でそれこそ3カ月も売れない期間が続けば、会社にもいられなくなるという厳しい世界です。散々、王様のような扱いを受けて契約までされたお客様が、契約後のギャップを不快に感じるのは当然といえば当然のことでしょう。

住宅営業は、男女の恋愛にもよく似ているといわれます。モノにするまではストーカーのようにアプローチし、契約した途端に熱がさめる。逆にお客様のほうは、契約までは及び腰ですが、覚悟を決めて契約した時から本気を出し、営業マンを追いかけ回すことになります。

つまり、**営業マンとお客様は契約を境に「追いかける側」と「追いかけられる側」で立場が逆転していく**のです。お客様は「契約」したことでマイホームの計画がスタートしたわけですから、当然いろいろと打ち合わせをしたくなります。営業マンは営業マンで、生き抜くために次のお客様を見つけなくてはなりません。なんといっても、契約後に「本気を出してきたお客様」との必要以上の接触は、余計な注文や面倒なお願いをされるリスクが大きいので、極力連絡したがらないのが営業マンの心理です。

「一生に一度の買い物」といわれる住宅。車や他の商品と違い「リピート受注」はあり得ない商品であることも、お客様と営業マンの気持ちがすれ違う理由の一つかもしれません。中には、契約後には「お客の顔も見たくない」などという、とんでもない営業マンもいるのだからひどい話です。

予算に上限がなければ「自由設計」、限られた予算は「不自由設計」

「自由設計」……。なんて魅力的な言葉でしょう。すでに決められた間取りの建売住宅とは違い、注文住宅の自由設計になると、なんでも自由にカスタマイズして、オリジナルのマイホームがつくれるイメージがありますよね。

実際、お客様でも結構います。「自由設計なんだから、なんでもできるでしょ！」みたいな方が……。

しかし、日本の耐震基準・建築基準法はそんなに甘くはありません。また、さらに住宅メーカーが各々のメーカー基準で「設計原則」をつくり規制を設けているので、お客様が思っている以上に設計に縛りがあるのが現実です。

第1章「幸せ指数上昇中のお客様に『王手』をかける営業マンの接客手法」の項目でも説明しましたが、契約前にはイメージを見せるために、お客様の目の前で営業マンがCADソフトを使い自由に間取りをつくっていきます。パフォーマンスとしては最高のツールとなりますが、一つだけ落とし穴があります。

こういった類いの簡易ソフトはあくまで〝イメージ〟の作成であり、実際にその建物が建てられるかどうかは、また別の話であるということです。実際の本設計では、営業マンが作成した、設計士から見たらまるで「子供が描いたマンガ」のような図面がそのまま採用されることはありません。設計士がきちんと構造計算し、手直しする必要が生じてくるのはいうまでもありません。

ですから、実際の契約図面や施工図面の作成に入ると、今まで営業マンと打ち合わせした図面に指摘が入ることは頻繁に起こります。

営業：実は、先日まで打ち合わせしていた図面に設計から指摘が入りまして……。リビングの窓をこの大きなサイズのものにしてしまうと、耐震計算上問題があると言われましたので、一回り小さなサイズの窓に変更させてください。あと、ここと あそことこちらにも柱が必要みたいで……。

もちろん、最初の図面のまますんなりいく場合もあります。ところが、あまりにも奇抜な間取りや、個性的過ぎるつくりを求めるお客様との打ち合わせは、往々にしてこのような事態を引き起こすのです。修正依頼が多過ぎると、お客様の中には「今までの打ち合わせは一体なんだったの!!」なんて怒り出す人もいます。

住宅メーカーの営業マンも、それなりにきちんとCADソフトの研修や設計原則のルールを学んではいますが、実際のところパーフェクトに設計部門のチェックを通過できる図面をつくれるのは、営業マンの5人に1人といったところでしょう。「だったら最初から設計士が設計してくれれば……」と思われるかもしれませんが、住宅メーカーという完全に分業化された組織では、これがなかなか難しいところなのです。

設計部門というのは非常に業務多忙な部署です。施工図面の作成から着工前の役所への申請など、営業マンとは逆に契約後の業務が山ほどあります。契約前の、しかも契約する確証のないお客様の図面や間取りの打ち合わせにまで、いちいち駆り出されては仕事が回りません。

ですから完璧ではないにせよ、ある程度は**営業マンのほうでベースとなる図面を作成してから設計部門にバトンタッチするというのが、今の住宅メーカーの主流であり、一般的な流れ**となります。

もう一つ知っておくべきことがあります。住宅メーカーのいう「自由設計」は、基本的に「規格自由設計」であるということです。つまり、オールフリーではなく、メーカー独自の設計ルール・設計原則に従ったうえでの「自由設計」なのです。あくまでそのルール内なら自由な設計が可能ですが、その基準を少しでも逸脱する場合は、いきなり割高な追加料金が発生します（そもそも認められない場合もあります）。

ご存じの方も多いかもしれませんが、住宅というのはどこのメーカーでも「真四角の総二階」の建物がコスト的には一番安く抑えられ、凹凸のある設計は費用が割り増しになります。今はプレカットといい、木材も工場で規格の寸法に加工されて現場で組み立てるやり方が一般的なため、規格外の寸法や形のものは手間がかかる分、割高となるわけです。

もちろん、余計な手間をかけて最大限自由に設計してもらうのも可能ではありますが、その分「お金」がかかるということを忘れてはなりません。特に『大改造!! 劇的ビフォーアフター』(朝日放送テレビ)という番組で匠《たくみ》がつくるような、変わったデザインや建築家の手によるデザイナーズ住宅のようなタイプを「自由設計」だと思い込み、一般の住宅メーカーを訪れる人も、若いお客様を中心に少なくありません。

その手の住宅は建築費の他に、一般の住宅メーカーの見積もりにはない「デザイン費」という項目が存在します。デザインやアイデアも「タダではない」のです。規定の坪単価内で収めるには、自由設計といえども、ある程度の妥協が必要となることは覚悟しておかなければなりません。

間取り……。でも究極的に、部屋の配置はどの家も皆同じなのを知っていますか?

「やっぱり、せっかく家を建てるなら自由設計でしょ! 普通の間取りじゃつまんないし、自分の使いやすいように部屋の配置を考えたほうがいいでしょ」

そんなふうに皆さんよく言われますが、そんなに「普通」では満足できないものでしょうか？　プラン集やいろいろな間取り集を並べてよ〜く見てください。どの間取りも、リビングは家族が集まり一番長い時間過ごす場所なので、ほとんどの家は南東の日当たりのよい場所にあります。和室にせよ洋室にせよ「居室」と呼ばれる部屋は、基本的に南側。水回りはどこの家も北側というのが、１０００通りの間取りがあっても、ほぼ共通する配置になるはずです。

昔からそういう部屋の配置が、生活するうえで最も機能的であり、快適なのも事実です。それを「自由設計」だからといって、風呂を南側に配置したり、居室を北側に配置する人は、まずいないでしょう。

そういう意味では、**究極的には部屋の配置はどこの家も一緒**なんですね。でも「自由設計」というだけで、なんとなくいろいろと部屋の配置を考えないと気が済まなくなるのがお客様です。

「決められた間取りは嫌だ、自分の使いやすいように設計してもらいたい」というお客様も多く、そういう方は「規格住宅・規格図面」を嫌います。

「規格住宅」とは、すでに住宅メーカーで設計された決められた図面を選び、それをそのまま建ててもらう商品のこと。**よく誤解されるのが「規格住宅だとオリジナリティがな**

い」「使いにくそう」というものですが、とんでもない偏見です。

まず住宅メーカーが、わざわざそんな人気のない間取りを商品化する理由がありません。これまでに何百、何千という間取りプランを作成してきた住宅メーカーです。過去に自由設計で要望の多かったプランを規格住宅として再現し、量産することで、自由設計よりもコストを抑えてお客様に提供できるようにした商品が「規格住宅」なのです。

お客様によっては「規格住宅」というだけで、自由設計より「格下」に見る人もいますが、むしろ「規格住宅のプラン集」に気に入った間取りプランがあれば、自由設計と比べて建築費をかなり安く抑えられるわけですから、買い物上手以外の何ものでもありません。「規格住宅」は人気の間取りの結集なのです。

ちなみに、自由設計としてお客様に提案するプランをこの「規格住宅のプラン集」の中から抜粋して、さもお客様向けに一からつくったかのような顔でシレッと出してくる営業マンもいます。規格プランの中から、お客様の要望に近いプランをコピペして、風呂と洗面所の位置を逆にした程度に加工した図面を、「いやー、昨日遅くまで頑張ってつくりましたよ!」とお客様に提示するのです。そうすると、あれほど規格プランを小馬鹿にしていたはずのお客様も、あら不思議、「うわー、素敵!! さすがプロ」と絶賛します。

次に「家相」についてです。「家相」を気にする人は多いです。家相とは「家相盤」というものを基に、方角と家の間取りの配置から運気をはかる考えで、日本では平安時代からあるものです。ごく簡単にいってしまうと、鬼門が北東で裏鬼門が南西。ここに水回りや玄関などを配置すると「凶」となるので、鬼門を避けて配置するという考え方です。

でも、この**「家相」を優先して間取りを考え始めてしまうと、非常に使いにくい間取りとなるのも事実**です。以前、私のお客様にも家相マニアのような方がおり、私と間取りの打ち合わせをすると、その足で家相の先生のところへ行って図面を見てもらう……を毎回繰り返していました。

当然、毎回何かしら家相上のケチをつけられ、その都度間取りの打ち合わせは振り出しに戻ってしまいます。そりゃそうですよね、家相の先生は指摘することでお金をもらうわけですから。毎回、無理くりにでも私のつくった図面の悪いところを探すわけです。そうなるともう、打ち合わせは終わりのない無限ループ状態に突入してしまいます。

ただ、この家相の呪縛《じゅばく》から解放される素晴らしい古代中国の思想があります。それが「風水」です。家相は変えることができませんし、一旦つくってしまった部屋の配置は「家相が悪いから」と、解体してつくり直すわけにもいきません。

「どうしてもこの間取り・部屋の配置にしたいのだけれど、家相上悪い配置だ。でも使い勝手を考えたらこの間取りは変えたくない……」

そんな方は風水を勉強すると、いろいろな解決策が見つかります。すでに鬼門に玄関がある家、設計上どうしても鬼門に水回りがきてしまうなど、避けられない状況の打開案を教えてくれます。

たとえば、「鬼門の玄関には観葉植物を置くといい」「〜には黄色いものを置くといい」など、家相上で「悪い」といわれる状況を、インテリアや置物の色などで「気」の流れを変えて改善する方法を教えてくれます。

ただし、家相にしても風水にしても、凝り出したらキリがないので何事もほどほどに……。

建築士・不動産のプロが書いた本より、現在進行中で家をつくっている個人ブログのほうが現実的で参考になる理由

マイホームの計画をスタートさせる前には、書店で住宅や家づくりに関する本を手に取る機会も増えるはずです。

書店に出回っている住宅関連の本は、大きく分けると2種類あります。一つは「つくる側・販売する側が書いた本」、もう一つが「購入した側が書いた本」です。

割合的には前者のほうが圧倒的に多いのはいうまでもありません。なぜなら「つくる側・販売する側」は、世の中でプロと認知されている人達だからです。たしかに間取りや収納活用術、住宅の性能についての知識、インテリアやデザインなど、これから家を建てる人にとっては参考になる書籍も多いはずです。

建築士は建築のプロ。当然、家づくりにおいて参考にならないはずがありませんし、間違いなく「最高の機能・最高の性能・最高のデザイン」を提案してくれることでしょう。ただ、建築士の先生方は最高の提案はしてくれますが、「そこにかかる費用までは知ったこっちゃない」というのが現実です。

ちなみに、住宅メーカーの中でも、よくこの類いの小競り合いが営業マンと設計部門の建築士との間で起こります。

営業：お客様の要望を考えると、こんな感じでプランを変更したいんだけど、どう思う？

設計：だったら、リビングをもっと広くして、ここにもっと大きな収納スペースをつくってあげたほうがいいんじゃない？　絶対そのほうが使い勝手がいいよ。

営業：なるほど、さすが！　でもそうすると金額上がっちゃうんじゃない？
設計：そりゃそうですよ、坪数増えるんですから当然でしょ。
営業：そこをなんとか、コストを上げないでやれる方法はないものかなぁ。
設計：……無理ですね。
営業：……。

営業マンは契約を取りたいので、基本的に無駄なコストがかからない設計を求めます（そこはお客様目線）。

しかし、設計部門に携わる人は、儲けたいということではなく、妥協した変な提案はできないというプライドを持って仕事をしている人が多いのです。設計からすれば図面は商品であり、自分の存在価値です。お客の言いなりになってまで、変な図面は描きたくないというのが設計士の本質でもあります。

もちろん金に糸目をつけなければなんだってできますし、そういう方もいるでしょう。しかし、現実にはローン返済などを考えてギリギリのところで計画を立てている人のほうが、割合的には多いはずです。そして誰もが最高のものを求めて計画に入り、こだわりの部分・譲れない部分と、現実的に妥協する部分のバランスを上手《うま》く取りながら、夢のマイホームを完成させるはずです。

本の話に戻ります。よくあるのが、住宅メーカーや工務店の社長が書いた本です。書籍の出版は会社のブランド力を高めるので、自費出版をしてでも本を出したいという社長さんも結構いるのです。

もちろん家づくりにおいて参考になることも書いてはありますが、基本は「売り手目線」です。最終的には、そこの会社の住宅がいかに素晴らしいかということが書かれているものになるのはいうまでもありません。

一方で、最近意外と面白いのが、新築住宅を計画中・進行中の人が書いている「個人ブログ」です。当然、プロの目線ではなく「買い手側」の目線なので、とにかく生々しい体験談に近いものが多い。「体験に勝るものなし」という考え方もあるのではないでしょうか。

ネット上でも、業者の広告より「口コミ」が信用される恐ろしい時代です。そこには、住宅の性能や機能はもちろんのこと、契約までのトラブルや契約後のアフターサービス対応、住宅メーカーの見積もりまでアップされている場合もあります。偏《かたよ》った個人の印象が書かれていることもありますが、中には営業マンからすると青ざめるような「不都合な真実」が書かれていることも……。そこでは紛れもない「生の声」が語られています。

建築士や住宅のプロが教えてくれるのは、建物そのものの性能や機能についての、いわば新築計画における「ハード」の部分。これに対し、購入した側が書く内容は、住宅メーカーの対応や契約まで・契約後の成功談や失敗談など、人との関わりに関する「ソフト」の部分。

マイホーム計画におけるハード面に対しては、皆よく勉強します。参考書籍もたくさん出ているので、新人の住宅営業マンもかなわないくらいの知識を持ち合わせているお客様もいるくらいです。しかし、ソフト面となると経験した者しか知り得ないことも多いため、なかなか目を向けられることがないのが現実です。

住宅業界はクレーム業界といわれることは本章の冒頭でお話ししましたが、そのクレームの大半は、人災であるこの「ソフト」の部分であることを忘れてはなりません。そういう意味では、プロが教えてくれる住宅性能や機能など参考にすべきことは参考にしたうえで、個人ブログや買い手側が書いた本なども参考にネガティブなことも含めて受け入れ、情報を活用していくことが大切なのではないでしょうか。

「家」＝「住宅ローン」を買う。建築より金融知識のある営業マンを選ぶべき理由

住宅メーカーの営業マンは、それぞれが得意分野を武器にしているところがあります。

設計あがりの営業マンは、建築知識を武器にお客様からの信頼を勝ち取ります。建築知識はイマイチだけど、金利の動向など金融知識には長《た》けている営業マンもいます。住宅関連の助成金や補助金にやたらと詳しい営業マンもいます。

どのタイプの営業マンが担当になるかは運次第というところもありますが、実はここでお客様の命運も分かれます。一般的にお客様から好かれ信頼されやすいのは、建築知識が豊富な営業マンです。建築知識が豊富な分、住宅に対するこだわりも強いので、間取りやプランの提案力が違います。そして、何よりお客様も「夢」を見ることができます。

一方、金融知識に長けている営業マンは、最初はお客様からどうしても敬遠されがちです。なぜなら、住宅を買いに来るお客様は「家」（夢）の話を聞きたいのに、金融知識に長けた営業マンは、どうしても「金」（現実）の話をしたがるからです。

お客様から特に要望がなくても、返済能力から総予算を割り出し、予算内に計画を進め

ることに使命感を持ち、お客様の年収や勤務先などの属性、つまりお金に関する質問を早い時期にしてきます。感じ悪いですよね。

お金に関する質問は非常にデリケートな部分です。また、聞き方を間違えると大変失礼な印象を持たれてしまう場合もあります。

もっとも、それもお客様のことを思ってのことなのです。住宅ローンを組むのであれば、遅かれ早かれ避けては通れない現実です。なぜなら**「家を買うということは住宅ローンを買うということ」**だからです。

よく考えてみてください！　**仮に住宅ローンを35年間、金利２・５％で３０００万円借入れした場合、最終的な返済総額は４５００万円。１５００万円を利息として、金融機関へ支払うことになります。**マイホーム購入に前のめりになり、打ち合せの過程で何千万円という見積もりを見慣れてしまっている人達は、数字の感覚がある意味マヒしています。その結果、「３０００万円借りて１５００万円の利息？　まぁそれはしょうがないでしょ」となんの疑問も持たない方も少なくありません。

しかし、住宅の建築資金として、住宅ローンの利息を含めて「総額４５００万円」かかる場合、住宅メーカーと金融機関の支払い内訳（取り分）はどのようになるでしょう。大まかではありますが、**一般的に住宅メーカーでは、75～80％を原価として下請け業者に支**

払い、広告宣伝費や営業経費にかけます。粗利は20～25％くらいといわれています。

仮に３０００万円を住宅メーカーに支払ったとしても、住宅メーカーが純粋に得られる粗利は、よくて６００万～７５０万円程度。残りは材料代や業者への支払い、経費にかかる計算になるわけです。

そうなると、金融機関の取り分は１５００万円です。もちろんその中から営業経費などがかかるわけですから、純利がどのくらいかは専門外なので分かりませんが、単純計算として、お客様が金融機関へ支払う割合は意外と大きいのです。

お客様ご自身は、購入代金のほとんどを住宅メーカーに支払っている意識が強いと思いますが、決してそうではありません。むしろ「家を買うこと」は「住宅ローンを買うこと」と、イコールだともいえるでしょう。

住宅メーカーとの付き合いは、所詮は契約して家が完成するまでです。それよりも長い付き合いになるのは金融機関です。30年、35年といった長い年月のお付き合いとなる。そういう意味では、満足のいく住宅を建てること以上に、「住宅ローン」という商品を理解して、自分に合った住宅ローンを真剣にアドバイスしてくれる営業マンも大切な存在となります。

夢見がちに住宅展示場を訪れる人達は、計画当初は特に「お金」の問題を後回しにしがちです。しかし、早い段階に「住宅ローン」を意識させてくれる営業マンは、本当の意味でマイホーム購入計画を成功させてくれる味方であることは間違いありません。

なぜ同じ住宅でこんなに価格差があるのか。安ければ欠陥？　高ければ安心？

住宅展示場を訪れる人、特に私が勤めていたローコストメーカーに来るお客様の多くが、素朴な疑問を抱いていました。「同じ住宅なのに、大手メーカーと、ローコストメーカーでは、坪単価になぜこれだけ開きがあるのか？」「この価格の差は一体なんなのか？」という疑問です。

この質問を営業マンにストレートに聞ける人もいれば、なんとなく聞きにくい人もいるでしょう。多くのお客様に共通の「謎」かもしれません。

古い価値観に縛られている人は単純に「高ければ安心、安かろう悪かろう」という考えから、大金を払うことで安心を買う人もいるでしょう。ローコストメーカーに来るお客様も、本心は安くていいものが建てたいのでしょうが、やはり「その安さにはどこか落とし穴があるに違いない、安さの秘密を暴いてやる」とは言わないまでも、不安を持っている方は非常に多いといえます。

ちなみに、お客様が懐疑的になるのにも理由があります。高額坪単価のメーカーに行けば「高さの理由」を聞かされますし、ローコストメーカーに行けば「ほかと何も変わりませんから」などと言われてしまう。どこのメーカーも「建物」に特化した話をする営業マンがいないから尚更です。

高額坪単価のメーカーの営業マンはこう言います。

「お客様にとって一生に一度の買い物です。ローコストでは心配でしょう？　いいですか、お客様！　工場などでつくられる電化製品や車なら、どこで買っても一緒ですから、できるだけ安い店を探して買うほうがお得です。でも住宅は別です、ゼロからお客様とつくり上げるものです。安さや価格だけで選ぶ買い物ではないんですよ」

と、坪単価の高さを売りにして安心感を与えていきます。

一方、ローコストメーカーに行けば営業マンはこう言います。

「お客様、安かろう悪かろうは昔の価値観ですよ。今は安くていいものを売るのが当たり前の時代です。世の中、皆そうでしょう？　衣料品だって昔の高級ブランドより、ユニクロなどファストファッションが売れているのがいい例です。ローコストだからといって、ほかのメーカーより基礎の鉄筋が細いとか、柱が少ないとか細いなんてことがあるわけありません。そんなことはこの御時世、住宅の検査機関が許しませんよ。ちなみに、うちの基礎業者は大手の○○ホームと同じ業者ですから」

お客様もどちらのメーカーを選ぶべきか、さっぱり分からなくなり、混乱するのも当たり前です。むしろ、ローコストメーカーは安い分「何か」理由があってもらったほうが、お客様としては安心するのかもしれません。

住宅メーカーの坪単価の違いは建物にあらず！「人」（人件費）である！

住宅の坪単価の違いを建物の構造や仕様だけで説明しようとすると、無理が生じます。実際、ローコストメーカーの営業マンが言うとおり、建物自体にはほとんど差はありません。昔のように、大工さんが一から十までつくる家なら、大工の腕によって仕上がりに差は出るかもしれませんが、今は木材も工場で加工されてきますし、屋根材は屋根材のメーカーが、外壁材は外壁材のメーカーがつくっています。外壁材ならニチハやケイミュー、キッチンメーカーならクリナップやタカラスタンダード、トイレならTOTOやリクシル……。今の住宅は、そのほとんどすべてが外注メーカーの製品の寄せ集めでつくられています。

つまり建物全体の施工は住宅メーカーで管理はするものの、住宅メーカー自体でつくるものなど、ほとんどないに等しいのです。

下請け業者ですら、一社専属で仕事を請け負う業者などほとんどありません。基礎屋であろうと屋根屋であろうと、複数の住宅メーカーの依頼を受けて並行して仕事をしているのが現実です。**大工の腕も最近ではあまり関係なくなってきました。今は工場から現場に運ばれてきた木材を図面どおりに組み立てるだけの、大工というより「組み立て屋」に近いからです。**

ただ、大手の老舗《しにせ》住宅メーカーになると「自社オリジナル製品」を住宅に取り入れているところはあります。これは住宅メーカーが独自に開発・製造している建材や設備のことで、「○○ハウスオリジナルキッチン」とか、「○○ホームオリジナル洗面台」などというもので、他の住宅メーカーにはない、そこの住宅メーカーで建てたお客様しか購入することができない住設機器です。

実はこの「自社オリジナル製品」というものが、高額坪単価の住宅が出来上がる理由の一つです。自社でオリジナル製品をつくるということは、つまりはその製品を開発する「人」や、製造する工場が必要になるということです。工場には当然、製造する「人」も必要になります。

そこで働く人達には当然、お給料を支払わなくてはなりませんよね。工場の維持管理費も必要となってきます。つまり、**企業にとって一番多くかかる経費は「人件費」なのです。オリジナル製品というと聞こえはいいのですが、つまりそういった経費も「坪単価」に反映されている**と考えるのが自然です。

もちろん、「オリジナル製品」を全否定するわけではありませんが、私個人的にはやはり「餅は餅屋」と考えます。キッチンであれば何十年もキッチン一筋でやってきたキッチン専門メーカーが、トイレはトイレの専門メーカーのほうが、住宅メーカーがついでに始めたオリジナル製品なんかより、安心して使える気がします。

大手メーカーはローコストメーカーの2～3倍の人数で顧客対応

住宅メーカーの坪単価の違いは「人件費」にあることを述べましたが、そこで働く「人数」の違いも大きく関係しています。坪単価の高い住宅メーカーとローコストメーカーでは、年間の着工・完工棟数にさほどの差はありません。

ですが、坪単価の高い住宅メーカーのスタッフの人数は、ローコストメーカーの2倍、あるいは3倍も多くいます。

住宅メーカー内の役割分担は、大きく4つに分類できます。それは「営業」「設計」「施工」「事務」。これらが一体となり業務をこなすのが一般的です。

【営業】

営業マンはどこのメーカーもやることは同じです。展示場の接客からプランの提案、融資の手続きから契約までを業務とします。

【設計】

ローコストメーカーでは、営業マンが単独でお客様と図面やプランの打ち合わせを、かなりの段階まで詰めて打ち合わせをします。大体のところの話し合いができたら、ようやくその図面は設計部に回されます。

チェック（要するに、建築可能な図面かどうか）が済み、構造上、問題があれば指摘事項が再び営業に伝えられ、修正依頼がなされます。

特徴的なのは、基本的に設計士は最後までお客様の前に姿を見せることがないことです。そのため、図面に対して不勉強な営業マンは、ここでお客様と設計の間を行ったり来たりすることになり、時間のロスが発生します。最終的に設計に「ＯＫ」が出れば、ようやく本設計依頼として設計部門にバトンタッチです。そして、ここからが設計部門の仕事の始まりです。役所関係に提出する建築確認申請の作成と提出、検査に使用する書類の作成や材料の発生などを行います。

これが大手メーカーになると、設計部門に「営業設計」なる設計士が存在します。つまり、営業マンとお客様の図面やプランの打ち合わせに同席してくれる設計士がいるのです。営業マンとしてもこれは心強い味方です。設計士が同席してお客様と直接打ち合わせをしてくれるので、決まったプランも一発ＯＫという流れができますから。

そして、今度はその図面を実務や申請業務専門の設計が引き継ぎます。大手になると、設計も「営業設計」と「事務設計」という2種類の設計士が存在します。そして、驚くべきことに「税務担当」なんていう、住宅の税金関連のスペシャリストが同席するメーカーもあります。

さらに住宅の外観デザインを担当し、アドバイスする「デザイナー」なんていう人が付くメーカーもあります。さすが大手のメーカーは至れり尽くせりですね。お客様と設計の間を、パタパタ右往左往するローコストメーカーの営業マンに対して、大手メーカーのこのスマートさ……。坪単価が高くなってしまうのも納得です。

【施工】

現場管理を任されるいわゆる現場監督です。まずはじめに、昔の現場監督と今の現場監督との大きな違いをご説明します。

昔の現場監督は、朝から晩まで現場に張り付いて職人さんに指示しているイメージがありますが、今の現場監督はまったく違います。今の住宅メーカーには「施工マニュアル」が確立されており、各下請け業者に配付されています。ですから**現場でいちいち教えるような監督業務はなく、作業の節目に現れて、マニュアルどおりにできているか確認作業をするのが、現在の現場監督の仕事**なのです。

そういう意味では一日中現場にいる必要などなく、複数の現場を見ることが可能なわけですね。ですから、たまにお客様から「監督が現場に来ているの見たことないね！　俺のほうが現場に行ってるぞ！」なんて言われることも。

現場監督の仕事量も、ローコストメーカーと大手メーカーではかなり違います。ローコストメーカーの現場監督は、現場管理はもちろんのこと、お客様との「仕様打ち合わせ」も同時に行います。仕様打ち合わせとは、お客様がショールームでキッチンやトイレ、お風呂や外壁やクロス、床材や建具など、注文住宅の醍醐味《だいごみ》でもある住宅の仕様を決める作業のことをいいます。

現場の合間に事務所に戻り、ショールームでお客様との打ち合わせもしなくてはならないのですから、複数の現場を抱えている現場監督は大変です。現場監督ですから、打ち合わせには作業着で首にタオルを巻いて……といった感じにもなります。

それに対して大手メーカーの仕様打ち合わせには、「コーディネーター」と呼ばれる小綺麗な女性スタッフが付いて、女性目線で打ち合わせに同席してくれます。お客様のほうも安心して任せられます。

とにかく、ローコストメーカーの現場監督の業務は過酷です。基本的にお客様のほとんどが、仕様打ち合わせは「土日の休みに、家族全員で」とご希望されるため、平日は現場で監督業務をこなして、土日はショールームでお客様の仕様打ち合わせに同席と、休みなしです。

【事務】

最後は事務職です。事務職といっても住宅メーカーの事務員は非常にやることが多くて多忙です。ここでも分かりやすく、ローコストメーカーと大手メーカーを比べながらお話ししましょう。

ローコストメーカーの事務職は、基本的に入り口の受付に座って待機しています。そこを拠点にお客様が来ればお茶を出し、営業事務作業や工事事務作業、お子様連れが来ればお子様対応（お子様と遊んであげる）など、かなり幅広い能力がないと務まりません。大体、どこの営業所でも女性事務員は1人でこれらすべての業務をこなしています。

そして大手メーカーの事務職というと……、まず受付業務だけを行う女性がいます。そして、事務作業も営業をサポートする「営業事務」と、工事関連をサポートする「工事事務」が存在します。

お茶出しも事務員が片手間にやる仕事ではなく、お茶出し専門の女性が配置され、まるでウェイトレスのようにお客様の飲み物の残量に常に目を光らせて、「正の字」を書いてお客様に出したおかわりの回数までをも把握しています。ローコストメーカーのお客様みたいに、「おかわりくださぁ〜い！」などと叫ばれることもなく、言われる前にスッと飲み物を差し出します。

いかがでしたでしょうか？　ローコストメーカーでは1人でこなす業務も、大手メーカーになると、これだけ分業化されて専属の人間が配置されているわけです。たとえ建物のスペックが同じだとしても、同等の坪単価で提供できるはずがありませんよね。**従業員を1人雇うのに莫大な経費がかかるのはご存じのとおり。企業もボランティアではありません、それはすべて「坪単価」に反映されるということもお忘れなく。**

ローコストメーカーと高額メーカー。ガソリンスタンドの「セルフ」と「フル」の違い

ローコストメーカーは、よくいえば「徹底的に無駄を排除」した業務の遂行で、高額な坪単価のメーカーは「痒《かゆ》い所に手が届く」接客で勝負です。当然コストも変わってきます。そんなローコストメーカーと高額メーカーの違いを端的に説明するのであれば、ガソリンスタンドの「セルフ」と「フル」にたとえるのが最も分かりやすいかもしれません。

同じガソリンを入れるのに、車の窓まで拭《ふ》いてもらう「フルサービス」の店を選ぶのか、自分で給油して安く抑える「セルフサービス」の店を選ぶのか。住宅に置き換えれば、同じ住宅を買うのに高級ホテル並みの接客と「おもてなし」をしてもらいたいのか、雑な（といっては失礼かもしれませんが）扱いだとしても、少しでも安く購入できたほうがいいとするのか。それはその人の価値観次第。

ただ、この接客と仕事の進め方の違いが、時にクレームを発生させることもあります。お客様にとっては、ローコスト住宅であったとしても一生に一度の高額な買い物です。当然、ほとんどのお客様にはこんな「セルフ」だの「フル」だのという理屈が通用するはずもなく、ローコストメーカーで「フル」の接客とおもてなしを求めるお客様も少なくありません。

「大金を払って購入するのに、対応がお粗末過ぎる。家が完成すれば途中経過などどうだっていいんだろう」と文句を言われる方も。ローコスト住宅だから「安いから仕方がない……」とはならないわけですね。

しかし、これはコストを抑えるための人員的な問題で、高額な住宅メーカーと同等のサービス・おもてなしを求めるのは、現実的に無理な話です。この根本的な「フル」と「セルフ」の違いの理屈と「安く買える理由」をきちんと理解していただければ、お客様自身も余計なストレスを溜め込むことなく、本当の意味でお得感を感じてローコストメーカーに足を運ぶことができるはずです。

高額過ぎる日本の住宅。大手メーカー来場者の3人に1人しかお客にならない

皆さんは数ある住宅展示場に行く時、最初にどこのメーカーを訪れますか？　まずはテレビや広告で誰もが見たり聞いたりしたことのある「大手」住宅メーカーに行ってみようと思うのが普通でしょう。昔から知っている知名度の高いメーカーのほうが、安心ですよね。いきなり、見たことも聞いたこともない住宅メーカーに行く人はあまりいないはずです。そして多くのお客様が「一流メーカー」と呼ばれる住宅メーカーで、最初の「洗礼」を受けることとなります。

計画初期段階のお客様の多くは、住宅メーカーの坪単価の違いやそれに伴うローンの借入額、返済額などの細かいことは気にせず展示場に足を運びます。それこそ「ローンを組めば、どこのメーカーだって建てられるっしょ！」くらいの感覚で、お客様である自分にすべての選択権はあるのだと「ドヤ顔」で展示場内を闊歩《かっぽ》するはずです。

そして営業マンの接客が始まり、お客様の「年収」や「自己資金」を聞いた途端、いきなり営業マンの接客テンションが下がり、雑な対応に変わったという経験がある方もいる

のではないでしょうか。無礼な話ではありますが、営業マンも遊びではないので仕方がありません。

住宅営業、特に高額メーカーの営業マンは、第1章でも触れましたが、瞬時にお客様の年収・自己資金から「このお客様が当社の住宅を購入できるか否か」を判断します。私の知人にも、高額メーカーで仕事をしている営業マンがいますが、収入的に取り込めるお客様が少な過ぎて、販売する側の営業も悩むほどだというのが現実のようです。

実際、大手高額メーカーでは、３人接客しても、最終的にお客様としてマイホーム購入検討に進むのは1人とのこと。「年収」から逆算した総借入額が、そこの住宅を買える程度の金額を満たすことができない、つまり「そんなに借りられない」わけです。そのたった1人を他社も競合して取り合うわけですから、過酷な世界です。

こんな有名な話もあります。誰もが知る一流住宅メーカーで「自社製品に住めない憂鬱」として話題にもなりましたが、高額過ぎて、そこに勤めている社員ですら自分では購入して住むことができないなんて、冗談のような本当の話もあるくらいです。

ですから、せっかく来てくれたお客様でも、「年収」で土台に乗らないお客様には、見積もりすら出さないというのが営業マンの本音です。そして一流メーカーで「面接」落ちしたお客様は、その住宅メーカーからは連絡すら来ることもなく、営業マンの思惑どおり自然消滅していくのです。

では、大手で相手にされなくなったお客様の向かう先は？　そこでやっと「ローコストメーカー」の出番となります。もちろん、ローコストメーカーに来るお客様の中には、本当は大手で建てられるだけの収入はあるが、高額過ぎるので予算を抑えたいという理由の方もいます。

ただ、ほとんどのお客様に共通するのは、「最初からローコストメーカーで住宅を建てたかったという人は、まずいない」ということです。言い方は悪いですが、ローコストメーカーに来るお客様も、最初は大手の一流メーカーに行き、予算的（収入的）な現実に打ちのめされて「仕方がなくて来る」人たちばかりなのが実際のところでしょう。

そして、大手で叶《かな》えられなかった夢をローコストメーカーで実現しようとするわけです。中には、大手でつくってもらった図面をそのままローコストメーカーに持ち込み、「これをここ（ローコスト）で建てたらいくらでできますか？」と聞いてくるお客様もいます。

さらには住宅メーカーを熟知しているお客様、つまり「**坪単価の違いは建物ではない**」**ことを理解しているお客様は、「建物自体は大手でもローコストでも変わらないんだから、坪単価を抑えてその分オプションを増やし豪華にする」という理由で、ローコストメーカーを選ぶこともあります。**

仕方がなくてローコストメーカーの人、あえてのローコストメーカーの人とさまざまです。実はもう一つ、ローコストメーカーを選ぶ番外編として、「紹介」があります。それも他社メーカーからの紹介。住宅営業は、実は他社メーカー同士とも意外と横のつながりがあり、情報交換をしている場合もあります。

中にはこんな抜け目ない営業マンもいます。たとえば、大手メーカーで予算的に無理なお客様でも、ローコストメーカーならお客様になると踏んだ場合、内々にではありますが、こっそりとお客様に耳打ちをするのです。

「うちではお役に立てませんが、○○ホームの△△さんという営業を訪ねてみてください。そちらならこれに近い仕様でもう少しお安くできると思いますよ」と。そして個人的に紹介料をもらう。紹介された営業マンも自分の成績となるので、なんとなく胡散《うさん》臭い取引には聞こえますが、お客様を含めて三者ともウィンウィンな結果といえるでしょう。

あなたの担当営業マンは、かなりの確率でいなくなる悲しい現実

一生懸命にあなたの夢のお手伝いをしてくれる担当営業マン、感動の契約時には「契約

がゴールではありません、ここからがスタートですから」なんて頼もしいことを言ってくれます。まるで一生のお付き合いの始まりかと思いきや、翌月あるいは半年後にはもういない……、ということが現実には頻繁に起こります。これはその営業マン個人というより、住宅業界の闇ともいうべき現実でしょう。その労働環境にも大きな原因があるのは確かです。

先述のとおり、住宅業界はとにかく営業ノルマの厳しい業界です。基本的にお客様の休みの日やお客様の帰宅時が打ち合わせの時間となるため、土日祝日は当然休むことができません。夜も遅い時間の打ち合わせがほとんどとなります。ほかの業種に比べて、営業マンがお客様個人に深く関わる仕事なので、連絡も会社ではなく営業マン個人の携帯に入ります。

土日は休めないので、平日に休んだとしましょう。平日は平日で現場が動いているので、突然現場に呼ばれることも日常茶飯事なのです。お客様の種類も多岐に及びます。「契約前のお客様」「契約して打ち合わせ中のお客様」「完工して引き渡しした後のお客様」、あるいは現場監督からの確認電話など、とにかく売れば売るほど、営業マンの携帯の着信履歴は増え続けます。

しかもノルマは毎月課されるため、1カ月で契約ゼロというのは許されません。つまり毎月契約を取り続けることが義務なのです。契約したお客様を大切にして、いつまでもそのお客様に時間を取られていると、会社からはこう言われることでしょう。

「いつまでも契約客に時間を取られるな！　早く次を探せ！　次を!!」

また、土日の昼間は「ゴールデンタイム」といって、新規のお客様の来場が一番多い時間帯となります。ですから、土日の昼間にすでに契約したお客様との打ち合わせなどに時間を使おうものなら「なんでこのゴールデンタイムに契約客と遊んでいるんだ！　平日か夜に回せないのか？」などと、営業所長に激怒される始末。

とにかく、次から次へと新規の契約客を獲得するのが住宅営業マンの使命であるため、お客様第一主義の契約客を大切にする営業マンは会社からは評価されず、この世界では淘《とう》汰《た》されていくという悲しい現実なのです。

「担当の営業マンは契約するまでは一生懸命だったのに、契約した後は連絡もパッタリだわ」なんてこともよく耳にしますが、そうなるのも当たり前なのです。**契約したら次のお客様を見つけないことには、その営業マンも生き残ることができない**のですから。

会社にもよりますが、新卒は別として、中途入社の社員の場合3カ月もゼロが続いたら、それこそ会社にはいられない雰囲気になります。ちなみに新卒でも、住宅メーカーでは5人に1人くらいしか残らないといわれています。新卒は中途よりもノルマが緩いですが、基本的に労働環境は同じです。

新卒は、入社して、まずは本社で研修を受けてから支店に配属されます。住宅メーカーに限らず本社というのは、支店とはまったく雰囲気が違います。どこものんびりしていてホワイトなイメージの会社が多いことでしょう。上品な本社勤務の人達から研修を受け、一緒に食事をして、新卒は「なんて素晴らしい会社に入ったんだろう！」と明るい未来に期待して支店配属となります。

ところが、地方の支店に配属されると、そこはまるで別世界。支店は現地採用の癖のある中途ばかりで、そこの頂点には山猿のような品性のカケラも感じられない所長が待ち構えていることも多いのです。そこはやはり営業会社、なりふりかまわず数字を追い求めるソルジャーの巣窟《そうくつ》に放り込まれ、本社とのギャップに耐えられず、早々に辞めていく新卒も少なくありません。

私が勤めていた住宅メーカーも同様でした。配属されてくる新卒を見て、「新卒で入るような会社じゃないんだけどなぁ……」と気の毒に思うこともありました。毎朝の朝礼では、まるでとある消費者金融のように、社長の写真に向かって「社長語録」を唱和。中でも印象的だった社長語録は、「木材より人材」……。しかし、実態はまさしくその真逆で「人材より木材」といったところでした。厳しいノルマと過酷な労働で、自殺や過労死による家族の訴訟なども多い業種なのです。

優秀な営業マンほど実は契約後の客と関わらないのが鉄則

「顧客第一主義」「お客様第二」は、どこの会社でも掲げる経営理念や行動指針です。住宅メーカーでもそれは同様で、建前は「顧客第一主義」でしたが、内実は裏に一歩回ればその言葉は空虚に響きます。ノルマ至上主義に拍車がかかると、そんな綺麗事はどこへやら。特に「住宅」などの高額商品を毎月コンスタントに売り続けるのは、そう簡単なことではありません。

「顧客第一主義」を真に受けて、既存の契約客を相手に時間を割《さ》けば、新しいお客様をつかまえる時間はなくなります。**住宅営業の世界の行動理念としては、「顧客第一主義」ならぬ「新規顧客第一主義」が正しいところ**でしょう。

本来ですと、契約後もお客様との時間を大事にするのが「優秀な営業マン」なのでしょうが、現実にはどこの住宅メーカーでも、トップ営業マンと呼ばれる人達は、契約後は極力お客様との接触を断ちます。抱えている顧客が多ければ多いほど時間をつくれないという理由もありますが、むしろすでに契約した客などには見向きもせず、新規顧客獲得に特化したスケジュールを立てて、次のターゲットに向かって邁進《まいしん》することこそが、住宅メーカーでは「優秀」とされるからです。

お客様にとっては、担当営業マンがいなくなるのは最大の不幸かもしれません。住宅を建てた後も、住宅ローン控除をする際の初年度の確定申告アドバイスや、建物に何か不具合があった場合の連絡等、常に担当営業マンがいればスムーズに事が運ぶからです。

しかし、担当営業マンが退職してしまったとなれば、会社に連絡するしかありません。とりあえず代わりの担当が間に入ってなんとかしてくれるので、致命的なダメージは受けることはないでしょう。ただ、本来の担当ではない社員は最低限、言われたことをやるだけです。余計な気遣いやプラスアルファのアドバイスなどしてくれるはずもありません。代打の営業マンとしては、面倒な仕事以外の何ものでもないというのが本音だからです。

住宅メーカーの営業マンにとっての理想は、常に新規の契約を取り続けて、できるだけ長く会社に残ること。これが真の優秀な営業マンであり、本当の意味での「顧客第一主義」なのかもしれません。

「仮契約」という言葉で囲い込む。購入者に重荷を感じさせない魔法の言葉

住宅営業マンのノルマは、最低限でも毎月コンスタントに契約を取ってくることだと述べましたが、お客様からすれば「契約」という言葉には、かなりの重みがあると思います。それはそうですよね、「契約」とは、そこの住宅メーカーで建築を約束することなのですから。

製造業や他の業種には「納期」というものがあります。当然、住宅メーカーにも納期（契約期限）があります。多くの住宅メーカーは、その期限を月末としているところが多いはずです。ですから「今月の目標」「今月のノルマ」は、月内に契約をしてもらうことを意味します。

皆さんはどうお考えでしょうか？　一生に一度といわれる大きな買い物、どれくらいの検討期間を考えますか？　実は住宅メーカーが考える、ご来場から契約までの期間は、大手メーカーでも3カ月以内、ローコストメーカーなら来場した当月に契約をいただくことを念頭に動いています。

お客様が「来月には契約する」なんて言っても、私がいた住宅メーカーの上司ならば皆、こう言うでしょう。

「来月なんてどうだっていい！　とにかく今月、今月中だー！」

1カ月スパンの契約は絶対的な掟で、「その日暮らし」ならぬ「その月暮らし」のような営業サイクルが基本でした。ひどい時は、月末29日に初めて来たお客様にも「月内の契約」を迫ることがあります。そして、「今月中に契約しない客は潰してしまってもかまわない」くらいの勢いで営業を開始するのです。

ただ、展示場に来場した後に、間取りプランや見積もりを見ていただき、ご希望のプランが予算内であれば、あとに残されるのは「契約」しかないというのも事実。住宅メーカーも見積もりまで出してしまったら、あとは何も提案できるものはないというのが正直なところです。

逆に、間取りも気に入って金額もＯＫなのに決められないお客様というのは、まだ住宅を建てること自体に対しての意思が固まっていない場合が多いです。

決められないお客様は、よくこんなことも言います。

「間取りはそんな短期間に決められません」「もう少しじっくり考えたい」

しかし、営業マンもこのままダラダラと契約になるかならないか分からないお客様と、半年近くも間取りの打ち合わせなどしていられるはずもありません。ただ、何度も打ち合わせをして、その中で数プラン提案しているお客様には共通点もあるんです。それが「坪数」。この段階までくると、間取りの形や内容はどうであれ、そのお客様の希望する大体の「坪数」は確定していることが多いのです。そこで、すかさず営業マンはこう言います。

営業：そうですよね、間取りはそう簡単には決められませんよね。ただ、坪数は何プランか見ていただいたとおり、〇坪くらいに落ち着きそうですよね。間取りはどうあれ、広さが〇坪くらいになるのは変わらないと思いますよ。

お客様：なるほど、たしかに。

営業：ちなみに、住宅メーカーというのは、当社に限らず「坪単価」で計算されるので、極端な話ですが、〇坪内で間取りをどういじったとしても今回の見積もり金額からそんなに変わることはないんですよ。ですから、間取りの中身はこれから変わるとしても、お客様が当社で建築した場合の金額はおおよそ今回の見積もり金額に落ち着くということです。この先、お客様が最終的に決める間取りが40坪のままなら見積もり金額も変わらないということなんですよ。

間取りが決まらなくても「坪数」に変化がなければ、見積もり金額はさほど変わらない。これを理解していただいたら、後は一撃必殺で「月内契約」を決めていただくしかありません。坪数と金額の関係を理解してくれたお客様には、続けてこんなテストクロージング（商談中にお客様の意思確認をすること）を行います。

営業：お客様、間取りはまだ決められないでしょうが、どうでしょう？　先々、当社の○○ホームに決めていただける可能性はございますか？

ここで、お客様が「いや、まだそれも……」という答えであれば見込みは薄いですが、「まぁそれは当然、検討していますよ」と前向きな言葉を発したなら、営業マンは本格的なクロージングに突入します。

営業：それだけでも聞けてとても嬉しいです。締め切りまで時間がないので、実はお話ししようかどうか迷っていたことがあるのですが……、当社で決めていただける可能性がある以上、一応はお伝えしておいたほうがいいかと思いまして。

お客様：なんでしょう？

営業：当社で決めていただく可能性が極めて低い方には、一切お伝えしないのですが、実は今月だけのキャンペーンがあるんです。今月ご成約の方に限り、キッチングレードアップと2階トイレサービス、それと食器洗い乾燥機プレゼントというものがありまして……。

お客様：それは魅力的な内容だけど、さすがに今月中は……。

営業：もちろんご無理を言うつもりはありませんが、間取りも何も決めなくても大丈夫なんです。あくまで当社で建てるという意思確認だけ今月中にいただければ、キャンペーンは適用されますよ。もし、来月・再来月に最終的には決めていただくのであれば、絶対に今月決めていただいたほうがお得なのです。

お客様：それはどういうこと？

営業：はい、つまりあくまで「仮契約」にはなりますが、当社と建築請負契約を締結して、キャンペーンの権利だけまず取得していただきます。その後ゆっくりと間取りやプランの打ち合わせをして、最終的にすべてが決まったら変更契約で本契約とさせていただくというやり方です。

仮契約（建築請負契約）というのは、あくまでメーカーや業者を決めるだけの契約です。最終的な決定金額でなくても大丈夫なんです。最終的に決定した図面と金額で、本契約（変更契約）を結んでいただく流れになります。もちろん今の見積もりから極力金額も増えないよう、調整しながら打ち合わせは進めますので。

まぁ、すべてのお客様がこのようにすんなり仮契約まで進むわけではありませんが、多くのお客様は多少の胡散臭さも感じつつ、月内契約を考えていただける大きなきっかけになることは間違いありません。

結局のところ、契約に仮契約も本契約もないのですが、ここは言葉のマジックです。「仮契約」には「契約」という言葉の重みを緩和させる効果があります。

それこそ最初の仮契約（建築請負契約）などは、出来合いのとりあえずの図面と金額で契約を結んでしまうので、お客様の「囲い込み」を目的とした契約に過ぎません。「仮契約」なんだから、その後他のメーカーに行ったりしてもいいものですが、これが不思議な「印鑑」の魔力。

仮契約といえども、契約書に「押印」するという行為は、人に覚悟を与えてくれるもの。その後は普通の契約者として真面目に打ち合わせに来るものなのです。

現金客ほど予算にシビアで、ローン客ほど「どんぶり勘定」になる理由

住宅購入をする際のお金の感覚。これは販売する側にもいえることですが、購入するお客様も通常の感覚が失われてしまう状況が多く見受けられます。普段の買い物だったら、卵が数十円安いと聞いただけで目の色を変えて激安店に行くのに、住宅の購入になると、とたんにその感覚がマヒするのは不思議なものです。もちろんこれには理由があり、住宅の見積もり金額というのが日常の買い物とはかけ離れた単位であるからでしょう。

たとえば、１本１００円の飲み物が１５０円になったら、買うかどうか考え込んでしまう人も、住宅購入の際に、プラス10万円でキッチンが大きくグレードアップするなんて聞くと、「10万円でグレードアップできるなら安いものだ」という発想になりがちですね。

ただ、この住宅購入の際の金銭感覚は「現金で買うお客様」と「ローンを利用するお客様」でも大きな違いがあります。まず、現金客はお金を持っているのだから資金的に余裕があるのではと勘違いしがちですが、実際には持ち合わせの現金が決まっている（上限が決まっている）お客様なので、その中で細かくやり繰りを考えます。

さらに、その持ち合わせているお金の中で、住宅資金だけでなく、家具や電化製品など生活に必要なものもすべて賄《まかな》おうという考え方をしているはずです。そうなると、手持ち資金の上限いっぱいを住宅購入資金に充《あ》てるという発想はなく、むしろ住宅にかかる費用を極力安く抑えようと考えるのが自然です。

片や住宅ローンを利用するお客様の多くは、どういうわけかあまり上限を気にする人が少ないのです。もちろんまったく気にしていないわけではありませんが、どちらかというと住宅に対する要望ありきで「必要とされる金額を借りればいい」的な人が多いのです。

つまり、現金のお客様は単純に手持ちの自己資金から「引き算」していく考え方なので、リアルに支払う金額を感じ取ります。それに対し、ローンのお客様はこれから借りる「実態のないお金」がベースになるので、どうしても上限（予算）が後付けになります。

たとえば、**ローンのお客様は通常「ローン総額から追う」というより、「毎月の返済額」を基準に考えます。つまり、現金客が自己資金から住宅費を「引き算」していく発想に対して、ローン客は毎月の支払いを積み上げていく「足し算」の発想となり、真逆の考え方になる**のです。

住宅の打ち合わせでは、標準装備以外の要望を増やしていくと数十万単位で金額が増えていきます。そしてあっという間に予定金額よりプラス１００万円なんていうことになりがちです。

「うわぁ、１００万円オーバーか。ローンの支払いヤバイかなぁ」

そんなふうにお客様が言われる時、営業マンはこう言います。

「大丈夫です。今は幸い金利が低いので、借入れを１００万円増やしたところで、毎月の返済額は３０００円増えるくらいですよ」

「一生に一度の買い物だし、３０００円くらいでケチケチしていられない」と、簡単に借入額を増やしてしまうお客様がなんと多いことか。

しかし、１００万円借入れを増やすということは、当然ながら１００万円の借金を新たに抱えることだということを忘れてはなりません。

「一生に一度の買い物→妥協できない→金を惜しまない」という思考パターン

住宅ローンを利用するお客様が、借入総額ではなく毎月の返済額を軸に予算取りを考えてしまうことから、みるみるうちに借入総額が増えていく様子は先にご説明しましたが、そこには「妥協は許されない」という心理的背景が色濃く浮かび上がっています。

契約後、本格的に住宅の打ち合わせに突入したお客様は、夢の実現へ向け「完璧さ」を求めます。「まぁ、この辺でいいでしょう」とはならないのです。

そうなったら、販売する側の住宅メーカーはシメシメといったところです。できる限り多くの追加の注文が欲しい営業マンは、こんなことを言います。

「一生に一度の買い物です。まずは追加の要望を全部反映させてみて、最後に不必要なものだけ消去法で削っていけばいいと思いますよ」

まるで「節約」が「妥協」にでもなるかのような言い方をするのです。

しかし、最終的に追加見積もりを確認しても、お客様には削れるところなどほとんどないのです。

それはそうですよね、すべて自分で選んだ欲しいものばかりが追加されているわけですから……。

「これなら払えるでしょ?」。営業提示のローン支払いは一番低い「変動金利」

住宅メーカーの見積書は、「本体価格」「付属・付帯価格」「諸経費」そして「資金計画」としての住宅ローンシミュレーション（返済計画表）の構成になっているのが一般的です。「価格」の部分に関しては絶対的な数字なので、変えようのない部分ですが、資金としてのローンの返済計画は、あくまで「予想」の範囲です。

返済計画表の項目には、見積もり金額に対しての「総借入額」「金利」「毎月の返済額」「総返済額」などが記載されています。その中で、最もお客様が気にする項目が「毎月の返済額」です。

ここがお客様の予想以上に高い金額になると、お客様は「こんなのムリ！　ムリ！」となってしまうわけです。ですから営業マンがお客様のことを思い、よかれと思って最悪の事態を想定した「高い金利」で返済計画を立ててしまえば、おのずと毎月の返済額が高く算出されてしまうため、話はそこで終わってしまいます。

もちろん、**そんな馬鹿な返済計画を提示する営業マンなどいるわけがなく、住宅ローン市場で最も低い金利といわれる「変動金利」を中心に提示します。**お客様も変動金利が一番安いので、将来の金利変動のリスクを差し置いても、そちらに目が行ってしまいます。

ですからそんな見積もりを見て、お客様も「これなら安心！」ではなく、そこに提示されている返済額が「底値」であって、その金額より返済額が下がることはないくらいに考えておくほうが賢明でしょう。

住宅メーカーの建築見積もり、なぜか「本体価格」の明細が表示されていない理由

「555万円〜の新築住宅！」「777万円の家!!」などと、異常に安い価格表示の広告を見たことはありませんか？

もちろん、これを真に受けてやってくる人は少ないですが、お客様の目を引くことは間違いありません。でもそこには小さく「本体価格」とか「※付き」で本体価格という文字が書かれています。

住宅の価格というのは、大きく次の3つの価格の合計金額で構成されています。①「本体価格」＋②「付属・付帯」＋③「諸経費」です。つまり、①「本体価格」の支払いだけでお客様が新築に住めるわけではないことはいうまでもありません。お客様自身こう言うでしょう。

「そんな金額聞いたってしょーがない！　住めるようになるまでの金額が知りたいんだ!!」

しかし、この価格表示が間違っているわけではなく、住宅メーカーが実際販売するのは

この「本体」のみです。要は、純粋に建物そのものの金額。②「付属・付帯」工事というのは、給排水の工事や仮設工事、③「諸経費」は登記費用や火災保険、金融機関に支払う費用をいいます。さらに、建築するには各種申請費用もかかります。

つまり建物「本体」だけではただの箱に過ぎず、その他の費用をすべて合計して初めて人が住める「住宅」となるわけです。ただ、住宅メーカーが販売するのは建物「本体」であり、住宅メーカーに発生する支払いもこの部分のみ（付属・付帯もメーカーが請け負いますが、金額が建築条件により一定ではない）なので、メーカーが公表して責任を持てる部分は、ある意味この「本体価格」のみともいえるでしょう。

「諸経費」は住宅メーカーに支払うお金ではなく、司法書士や保険会社、金融機関に支払うお金ですから、住宅メーカーに関係ないといえば関係のない話です（建築見積もりにはもちろん、すべて記載されます）。

ですから、お客様はよく「口頭でいいから大体の金額を教えてくれ」などと言いますが、見積もりも計算しないで即答できるのは、この「本体価格」くらいなものというのが現実なのです。

お客様が知りたがっているのはこの「本体価格」のことではなく、「仕上がり金額（住めるようになるまでの金額）」を指していることも、営業マンは十分に分かっています。実際は営業マンもかなりの数の見積もりを作成しているわけですから、坪数が分かれば、おおよその「仕上がり金額」は予測できます。たとえば、仮に「本体価格」が25万円／坪の建物だとしても、実際の仕上がりは45万円／坪くらいにはなることが多いでしょう。

ちなみに、この「本体価格」というのは住宅メーカー独自の表示の仕方で、地場の工務店などでは使われない言葉です。通常、一般工務店の見積もりでは「本体」と一括りに表現することはありません。使われる材料を「柱」「断熱材」「建具」などをメーター、平米ごとに詳細に記した細分化した見積もりになっています。それを住宅メーカーでは建物一戸をドンっと「本体」と記載しているんですね。

しかし、お客様の中には、この「本体価格」の表示はどんぶり勘定で中身が見えないと嫌う方もいます。**この「本体」の内訳を教えてほしいなんて言われる場合もありますが、住宅メーカーは決してその内訳を教えることはありません。教えないというより、メーカーの社員も分からない**のです。

住宅メーカーの見積もりは、社員が簡単に作成できるようにできています。エクセルの見積もり作成シートなどに「坪数」をポンっと入力するだけで、大枠の金額が算出されるようにできているので、「本体」の内訳などは社員ですら説明できないのが正直なところです。

また、この「本体」の内訳を知りたがる人は、他社との相見積もり（見積もりの比較）をしている人に多い傾向もあります。なぜなら、その「本体」に含む基準も中身もメーカーにより異なるので「本体」の内訳が分からないことには、きちんとした形では比較ができないからです。

そんなお客様には、営業マンはこう言うでしょう。

「お客様、これは住宅に限ったことではなく、車も同じですよね？『車両本体価格』に対して、その内訳は求めないはずです。それとも車のドアがいくらで、フロントガラスがいくらで、タイヤが、バンパーが……とお聞きになりますか？」

「あれもこれもオプション」。時として悪意をも感じる住宅の「標準仕様」

ほとんどのお客様が打ち合わせが始まってから初めて知る、住宅の「標準仕様」。この「標準仕様」とは一体、何を意味しているのかをご説明します。

住宅メーカーが本体の坪単価で金額を計算していることはご説明してきたとおりですが、この本体には当然、家の中のキッチンやお風呂、トイレ、床材、建具、外壁など家

（本体）を構成する、ありとあらゆるパーツが含まれています。それらのキッチンやお風呂なども、ある程度選択できるようにはなっていますが、だからといってなんでもありということではありません。

キッチンやお風呂もさまざまな価格帯のものがあります。当然住宅メーカーごとに「標準品」の幅がある程度決まっています。キッチンだったらこのメーカーのこの型番のタイプが標準品、お風呂だったらこのメーカーのこの型番のタイプが標準品というように、住宅メーカーによってその選択範囲が決められているんです。

そして、この標準品以外のものを選ぼうとすれば、それはすべてオプションとして追加の金額がかかります。しかし、お客様としては何が標準で何が標準でないかなど分かりません。ましてや各住宅メーカーが独自に決めた「標準品」など、最初の段階で知る由《よし》もないのです。

これも住宅メーカーとの打ち合わせでよく聞く話として、「標準仕様」を知らないまま契約して、契約後の仕様打ち合わせの際にお客様が希望するものを言うと、「あっ、それは標準品ではないのでオプションとなります」「それもオプションなので追加料金がかかってしまいます」の連打だったということがあります。楽しいはずの仕様打ち合わせなのに、みるみるテンションが下がっていき、その場の空気がなんとなくおかしくなった、などということはありがちな話です。

これには豪華な「モデルハウス」にも原因があります。そこは住宅メーカーの最初の入り口となるため、お客様の記憶に強烈な印象を残します。当然、お客様とすれば、「これ（モデルハウス）がそのまま建つ」くらいに考えています。しかし、住宅展示場のモデルハウスというのは、実はオプションだらけで構成されています。これはどこの住宅メーカーでも同じです。

さらにお客様の中には、自由設計の「自由」という言葉が先走り、ネットやブログの写真を見て「これを使いたい！」と、型番不明のどこのメーカーかも分からない写真を持ち込む方がいます。しかし、そういったものが住宅メーカーの標準品であるわけがありません。もちろんメーカー・型番を調べて採用することは可能ですが、お金は追加でいただきます……ということになるわけです。

ただ、事前にこの「標準仕様」を知ることは可能です。契約前に渡してくれるメーカーはあまりありませんが、「標準仕様書」はどこの住宅メーカーにも必ずあり、中にはお客様向けに写真付きの標準仕様書を用意しているところもあります。なかなか契約前のお客様にこの資料を配る住宅メーカーは少ないと思いますが、お客様のほうから「標準仕様書が欲しい」と言えばもらえるはずですので、ぜひ確認してみてください。

仰天！　地盤調査の結果次第で、建物代金以外に数百万円の工事費用も発生！

「地盤調査」という言葉を皆さんは聞いたことがありますか？　ビルなどを建てる場合だけでなく、一般住宅を建てる時にも必要な、土地の地盤や地耐力の調査です。昔は家を建てるのにそんなことをする必要はありませんでしたが、現在は「建築基準法施行令38条」という法律により、この「地盤調査」が義務化されています。

東日本大震災のような大きな地震があった時にご覧になったかもしれませんが、仮にどんなに耐震性の高い建物を建てても、その土台がゆるゆるで軟弱な土地であれば、立派な建物も傾いてしまい沈下を起こします。ですから、家を建てる前にその土地の地盤を調査して、もし軟弱な地盤であれば、強い地盤に改良してから家を建てなくてはなりません。

地盤調査というと、ビルの建設現場でよく見る大掛かりなボーリング調査をイメージする人もいるかもしれませんが、一般住宅の場合は建物が建つ予定の場所の四隅《よすみ》と中心に、サンプラーと呼ばれる杭《くい》を地中に挿入して、その土地の地耐力（その土地の強さ）を測定していきます。

そして、その地盤調査の結果、問題がなければ何もせずにそのまま家を建てられるのですが、もし基準を満たさない軟弱な土地の場合は、「地盤改良工事」が必要になります。地盤改良工事についてはいろいろな方法があるので、ここでは触れませんが、この工事もお客様の大きな負担となることはお話ししておくべきだと思います。

まず、この調査は義務化されている以上は必ずやらなくてはならないので、「地盤調査費用」として住宅メーカーの価格にすでに含まれていると考えてください。

しかし「地盤改良工事」は調査の結果次第なので、お客様が住宅メーカーから見積もりをもらう段階ではまだ確定していません。

通常、地盤調査は建物の着工直前に行うので、お客様が結果を知るまでにはかなり時間がかかります。しかも、もしお客様の土地に地盤改良工事の必要性が生じた場合、かなりの金額がかかることを覚悟しておかなくてはなりません。その土地の状態によって金額は変わりますが、最低でも大体50万円、もっとかかる場合は120万円くらい必要だと思っていたほうが無難《ぶなん》です。

ちなみに、私が現役の営業マンだった時に聞いた地盤改良工事の最高額は、なんと200万円！　そして私が今、地盤改良の工事費用に「大体」と記した理由は、地盤調査は外注だとしても、工事自体は住宅メーカーが請け負うわけですから、当然そこには住宅メーカーの「利益」分も乗せてお客様に提示しているからです。

つまり、実際にかかる地盤改良工事費用＋何％分の利益を乗せてくるかは、住宅メーカーによるということです。ただ一つ言えることは、地盤改良工事が発生するにせよしないにせよ、見積もりの段階ではこの費用がかかることを前提に予算を見ておくべきだということです。

住宅メーカーの見積もりには、この地盤改良工事の費用は「予備費」として計上されていることが多いのですが、住宅ローンの利息同様にやってみないとどの程度になるか分からない金額です。つまりお客様に提示する見積もりの段階では、「地盤改良工事費」の計上は営業マンのさじ加減一つだということです。

「地盤改良工事」は予備費なので、結果的に不要であればその分お客様には浮いたお金が返ってきます。逆に予備費で考えていた以上に費用がかかれば、お客様の負担になるのは当然のことですね。

しかし、だからこそ営業マンとの間では、こんな事態も生まれてしまうのです。

先に説明した住宅ローンの金利と一緒で、営業マンはあくまで純粋にお客様のことを思い、「最悪の事態」を想定してあえて高い金額を計上しておくとします。しかし、そうなれば当然、見積もり金額の総額全体も上がります。

するとどういうことが起きるか。悲しいことにお客様は住宅メーカーの見積書の細かい内訳ではなく、「総額・総費用」しか見ません。総費用だけを比べて「このメーカーよりこっちのメーカーのほうが高い（安い）」と比べてしまうものなのです。

つまり、**お客様にとってよかれと思い、高めに設定したいざという時のための「予備費」は、むしろ低めに設定しておいたほうが、お客様には喜ばれるという現実があるのです。**

column2

予備知識！
各住宅メーカーの「営業手法」をご紹介

住宅メーカーは独自にいろいろな営業マニュアルやトークマニュアルを作成し、日夜顧客の獲得に励んでいます。基本的にどこの住宅メーカーも営業マンの個性を生かして自由に営業させているところが多いのですが、やはり住宅メーカーによって、それぞれ会社の方針といいますか、営業手法というものがあります。

私自身にも他社メーカーで働く知人が多かったので、いろいろ参考になる話も聞いてきました。営業トークに違いはあれど、大別すると、営業マンは「狩猟型」と「農耕型」に分かれるようです。これは個人ではなく、会社の考え方としてですね。

基本的にローコストメーカーはどこも「狩猟型」で、大手の高額メーカーは「農耕型」になる感があります。ローコストメーカーはとにかく「今月！　今月！」。大手メーカーは特別のんびりしているわけではありませんが、今月無理でも来月お客様になりそうなら次月に回します。

もう一つ珍しい手法の住宅メーカーを、そこで働く知人の営業マンから聞いたことがあります。その住宅メーカーは徹底したマニュアル管理で、営業マンが話す一言一句がマニュアルで決められているとのこと。モデルハウスで話す内容も、玄関ではこのトーク、リビングではこのトークと決められており、しかも本当に営業マンがマニュアルどおりに喋っているかどうかを、本社の人間が展示場に備え付けられているモニターで常時監視しているといいます。

それでマニュアルと違ったことを喋ろうものなら、接客中だろうがすぐさま会社から支給された携帯電話が鳴り、「それ、マニュアルと違うだろ！」と指摘されるという徹底したマニュアル教育です。マニュアルにないことをお客様から聞かれたら、一旦席を外し本社に連絡して指示を仰ぐとのこと。

結局、その知人は「こんなロボットみたいにマニュアルどおりにしか喋れない営業なら、Ｐｅｐｐｅｒ（ペッパー）くんでも置いときゃいいだろ」と退職。

その会社にとってはマニュアルに書かれているトークが住宅営業の「王道」で、絶対的に契約が取れる法則なのかもしれません。そういった「マニュアル」や「法則」、日本人は好きですからね。

第3章

住宅ローンは「段取り８分、仕上げ２分」

―夢の仕上げと代償―

新築計画のすべてはここから始まる！「事前審査」

マイホーム計画の「スタート」はどこだと思いますか？

家を買おうと思い立った時、住宅展示場に行き始めた時、住宅メーカーにカタログの請求をした時……共通していえるのが、お客様の多くが自分達は「住宅を購入できる前提」＝「住宅ローンを組める前提」だと考えていることです。

どんな買い物をするにも、財布の中身を確認してからでないと不安なはずです。しかし、住宅の購入には「住宅ローン」という素晴らしい仕組みがあります。

しかし、購入に必要なお金を借りられるかどうかは、金融機関が決めること。

つまり、**金融機関の審査に通って、初めてマイホームの購入資格が得られます。金融機関による住宅ローンの審査は、一般的には「2回」の審査通過が必要です。1回目が「事前審査」、2回目が「本審査（本申込み）」です。**

よほどの資金をお持ちの方は別にして、審査をせずにマイホーム購入に突き進んでいくというのは、財布を持たずしてショッピングをしているのと変わりありません。想像してみてください！　スーパーに買い物に行き、レジでの支払いの時に「お金がない！」なんていう事態を。

これを住宅購入に当てはめると、審査なんて後でいいやと、住宅メーカーで間取りから何からいろいろと決めていき、いざ最後の最後に「審査」を申し込んでみたら、予定していた金額が借りられない。借入金額が足りないならまだしも、そもそも借りることすらできないなんていうことが判明することもあります。

実際、こういうことが稀に起こるんです。スーパーの買い物ならお金がないことに気づいた時点でＡＴＭに走ればいいですが、住宅購入の場合には目も当てられない光景となります。

住宅メーカーの立場からいえば、お客様に使った打ち合わせの「時間」や接客した「時間」が無駄になります。ご提供したさまざまな資料など、住宅メーカーとしてはすでに目に見えない経費がそれなりにかかっています。

お客様としても相当バツが悪い感覚に陥ります。住宅メーカーの人間に時間とサービスを使わせた挙げ句に審査落ちしたお客様は、まるで飲食店で散々飲んで食べた挙げ句に、お金を持ち合わせていなかったくらいの「無銭飲食」感覚で、住宅メーカーを後にすることになります。

少々極端なお話をしてしまいましたが、そんな最悪な事態を避けるためにも、最初のハードルである金融機関の「事前審査」を早い段階で申し込み、通過することが、皆さんの本当の意味でのマイホーム計画のスタートラインといえるでしょう。

金融機関の「事前審査」と「本審査」（本申込み）の違い

金融機関でよく聞く「事前審査」と「本審査」。これは何が違うのでしょうか？　文字だけ読むと「事前審査」があくまで事前の簡易的な審査で、「本審査」というくらいだから後者が本番なのではと思いがちですが、実はその逆です。ひと昔前は、たしかに事前審査で簡易的に審査をして、その後できちんと本審査をするというやり方が主流でしたが、現在ではその逆です。

今は「事前審査」で信用情報まで取得して（信用情報については後ほど詳しく説明します）、そのお客様が借りられる資格があるのかを調査します。金融機関にもよりますが、勤務先や年収、その他の属性は自己申告でも可能です。

そして、後ほど説明するこの「信用情報機関」の照会で、あなたが住宅ローンを借りる資格があると確認できたら、今度は本審査であなたが申告した勤務先や年収などの裏付けとなる、源泉徴収や所得証明などを提出してもらい整合性を確認するのです。

「本審査」は「本申込み」という言い方をするところもあります。つまり「事前審査」でおおかた審査は終わっており、「本審査」は、その「事前審査」で決定した結果に対する書類の事務手続き作業という位置付けになります。

つまり、**「本審査」（本申込み）では、事前審査で申告のあった内容に虚偽がないかを、各種証明書で確認する作業をするだけです。そして「事前審査」で自身の申告に虚偽がなければ、事前審査の結果どおりに融資が実行されます。それくらい今の「事前審査」は精度が高く、「本審査」以上に重要視しなくてはならない**ことなのです。

金融機関が興味あるのはあなたの将来性ではなく、「過去！　過去！　過去！」

「ブラックリスト」「金融事故」などいろいろな表現がありますが、金融機関はまず、あなたがこれに該当するかしないか、そこを知りたがります。

「俺はブラックじゃないし」「そんなこと身に覚えがない」「ブラックなんて失礼な」なん

ていう声が聞こえてきそうですね。だからこそ、金融機関や住宅メーカーの人達は、「あなたがブラックかどうか調べさせてください」ではなく、「事前審査をしましょう」と言うわけです。

ちなみに「ブラック」の定義は広いです。過去に借金を踏み倒して不払いの経験がある「真性ブラック」の人だけを指しているわけではありません。最終的にはきちんと支払ったとしても、「過去に支払いに遅れがあった人」「債務整理をしたことがある人」「他人の保証人となり信用情報を汚してしまった人」「カードで名義貸しをしてしまったことがある人」など、さまざまです。自分自身では身に覚えがない「無自覚ブラック」の人も案外多いのです。

それを調べるための「事前審査」です。事前審査に必要な書類は非常に簡易的で、金融機関によっては免許証のコピーだけでもＯＫなんていうところもあります。それもそのはず、ここでは基本的にその人の「信用情報」（ブラックかそうじゃないか）を確認するだけの作業ですから。

年収や勤務先・勤続年数は、「ブラックではない」ことを事前審査で確認した後の、本審査での話です。たとえ**現在の年収が１０００万円オーバーだろうと、どんな一流企業に勤めていようと、「ブラック」が判明したら、その段階ですべてがアウト**なわけですね。

悲しい現実ではありますが、住宅ローン審査において、金融機関は相手の将来性や現在の頑張りなどには関心がないのです。金融機関に提出する源泉徴収や所得証明もそうです。必要なのは直近「過去1年分や3年分」であり、これから先の見込み収入を出してくれとは絶対に言いません。

世間ではよくこう言います。「過去は振り返るな！　大切なのは今だ」と。

しかし、残念なことに金融機関はそうはいきません。すべてはあなたの「過去！　過去！　過去！」なんですね。

次に、「見えない借金」についてもお話ししておこうと思います。

住宅メーカーの営業マンがお客様に住宅ローン「事前審査」を促すお話をしている際、時々起こることがあります。それまでにこやかに前向きに打ち合わせをしていたのに、「事前審査」の言葉を聞いた瞬間、急に「ご主人」もしくは「奥様」のどちらかが浮かない顔つきになったり、審査自体に及び腰になったりすることがあるのです。そういう場合は、ご主人（あるいは奥様）が、伴侶に内緒の借入れをしていることが多いのです。

一般の銀行系カードであれば、たいていは家族も知っている借入れでしょうが、消費者金融系の借入れだと、「伴侶に内緒の借金」ということがあるのです。もちろん、銀行の住宅ローン審査ではきちんと既存借入れの申告も必要になります。事前審査時に、個人の

「信用情報」を取得すれば、既存借入れの件数と借入残高もすぐに判明します。

「調べて分かるものなら、わざわざ申告しなくたっていいじゃないか」なんて思われる方もいるかもしれませんが、審査では「自分の借金をきちんと自身で把握しているか」ということも重要なのです。ですから、きちんと自分で「借入れの件数」や「借りている金融機関」「残債」を申告する必要があります。

この借金の申告件数や金額があまりにも乖離していると、当然、事前審査は通りません。ごまかせるものではないのです。そりゃそうですよね。本人がどこの機関からいくら借りているのかも分からない人に、金融機関が「住宅ローン」という長期的で大きなお金を貸すはずがありません。

土壇場で秘密の借金の発覚を恐れて、住宅ローン審査に躊躇《ちゅうちょ》する人の中には、理由も言わず頑《かたく》なに審査を拒否する人もいれば、後でコッソリと営業マンに「実は嫁には内緒で……」と相談してくるお客様もいます。

いずれにしても、どのタイミングでカミングアウトしても、修羅場になるのは目に見えているので、住宅ローンを組む前に「内緒の借入れ」を完済しておくか、せめて配偶者には伝えておくことが必要でしょう。

事前審査は金融機関に行く必要なし。申込みから結果まで住宅メーカーで完結

住宅ローンの審査は金融機関でないと申し込めないと思っている人も意外と多いのですが、決してそんなことはありません。今流行《はや》りのネット銀行は別にして、住宅メーカーは都市銀行・地方銀行と提携し、「事前審査申込書」も完備しています。

銀行にとっても住宅メーカーは上客です。これから住宅ローンを組む大勢の人達が集まる場所なのですから。むしろ銀行員が直接営業をしなくても、住宅メーカーの営業マンが勝手にお客様を連れてきてくれるのです。金融機関にとって、こんなビジネスチャンスはありません。

そのため住宅メーカーには銀行員が毎月のように訪ねてきて、「うちの銀行を使ってください！　うちの事前審査の申込書も置いていてください」と、最新金利のチラシやパンフレット、事前審査申込書などを持参してくるのです。中には「金利」では他行にかなわないとばかりに、手土産《みやげ》持参でやってくる銀行員もいます。

つまり、それだけ銀行も競争が激しく、住宅ローンの顧客獲得に躍起になっているとい

うことでしょう。そして何よりも住宅メーカーの営業マンこそ、お客様の「事前審査」を一刻も早く行いたいと思っているのです。再三お話ししてきたとおり、事前審査を通っていないお客様は財布の中身が確定していないため、いわばお客様になるかどうか分からないお客様です。「事前審査に通ってないお客様は客にあらず」というところでしょうか。

ですから、住宅メーカーには、その地域にある金融機関のほぼすべての事前審査申込書が完備されており、住宅の打ち合わせ中にタイミングを見計らい、お客様に事前審査申込書にご記入いただくわけです。

では、数ある金融機関の中から、お客様に勧める金融機関をどのような基準で選んでいるのでしょうか。もちろん、お客様によってはメインバンクを決めている方もいるため、そこもある程度は重視しますが、基本的に営業マンが勧める金融機関は、「金利の低さ」や「手数料の安さ」を売りにしている機関ではないんです。

一番重視している基準は、「事前審査のスピードの速さ」です。なぜなら、お客様に契約の意思があっても、本当にそのお客様に住宅を購入できるかという資金的裏付けがなければ、契約には踏み切れないからです。

現金で住宅を購入するお客様には、本当に買えるだけの現金を持ち合わせているか通帳の残高コピーをご提示いただき、住宅ローンを組みたいお客様には、実際に借入れできるかどうかの証明となる「融資証明書」を出していただきたいわけです。最近の表現では「エビデンス」というやつですね。

通常、金融機関に事前審査を申し込むと、「事前融資証明書」や「本申込み承認書」といった書類が金融機関から発行されます。承認された融資金額や融資期間、その他本申込み時の条件などが書かれたものが、お客様に知らされます。

住宅メーカーはこの「融資証明」を事前にお客様からいただかなければ、「契約」という行為ができないわけです。当然ですよね、実際ローンを借りられるのかどうかも分からない状態で、契約書を作成して手続きを進めるなんてできるはずがありません。

だから事前審査に時間がかかる金融機関に出せば、その分、住宅の契約までの期間も延びてしまうというわけです。必然的に営業マンとしては、事前審査が「簡易的かつスピードのある金融機関」を選ぶことになるわけです。

まさかのたったこれだけ？ 事前審査で準備するもの

金融機関の「審査」というと、いろいろ揃えなくてはいけない書類が多いイメージがありますが、決してそんなことはありません。もちろん、金融機関によっては、事前審査にも源泉徴収票や所得証明書・納税証明書などの提出を求めてくるところがありますが、今は住宅メーカーの「スピード」重視の要望を考慮して、超簡易的に事前審査を進めてくれる金融機関が増えてきています。それこそ事前審査の申込書と身分証明書一点のみを添付して、しかも金融機関に住宅メーカーからFAX送信でOKというところもあるくらいです。

住宅メーカーで「事前審査をしましょう」と突然言われても、たいていのお客様は免許証くらいは常に持ち歩いています。「でも、いくら事前（審査）とはいえ、印鑑くらいは押さなくてはいけないんじゃないの？」と思われるかもしれませんが、これも大丈夫。お客様の印鑑も用意されているからです。

住宅メーカーでは、契約後も建築確認申請などで頻繁にお客様の印鑑を使う必要があるため、お客様の印鑑を住宅メーカー側が準備するのです。お客様には事前に「毎回お客様に印鑑を持ってきてもらうのも大変なので、住宅メーカーで三文判を購入し、こちらで使用させていただきます」という承諾書に署名していただいたうえで、100円ショップなどでお客様の名字の三文判を購入します。そういった印鑑が、どんどん蓄積されていきます。ですから、よほど変わった名字でない限り大丈夫。住宅メーカーにはハンコ屋レベルの品揃えで、印鑑がストック・蓄積されているのです。

事前審査申込書を書いている最中に、お客様が「あっ、印鑑持ってきてないんですけど」と言っても、営業マンは「大丈夫です。事前審査の印鑑は三文判でも問題ないので」と、お客様と同じ名字の印鑑を取り出し「ペタン」と押すはずです。これで事前審査申込書は完了です。

そして肝心の事前審査結果ですが、こちらは早ければ、なんと「当日回答」をする金融機関も存在します。住宅ローンの事前審査では、消費者金融のような勤務先への在籍確認なども行いません。信用情報機関への照会と書類審査が完了すれば、このくらいのスピード感で審査対応することは十分可能なのです。

金融機関も、住宅メーカーがスピードを求めていることは十分承知のうえなので、競って事前審査の簡易化とスピード感を追求してくれるというわけです。

事前審査は実際に借りる金融機関でなくてOK。極論どこでもいいんです

一般的な住宅ローンの審査では、借入れを希望する金融機関に事前審査を依頼し、無事通過したら本審査（本申込み）に進むのが王道ではあります。

しかし、もし借入れ予定の金融機関が、審査のため多数の書類を求めたり、審査結果までに時間がかかる場合は、必ずしも実際に借りる金融機関に事前審査を申し込まなければならないわけではありません。

「ある金融機関の事前審査は通ったけど、他の金融機関で落ちてしまったら？」と心配される方もいますが、大丈夫。お話ししてきたとおり、事前審査とはあなたの「信用情報」を照会して、俗にいう「ブラックかどうか」を確認することが目的の審査です。

信用保証会社を通さずに、金融機関独自の審査で直接お金を借りる「プロパー融資」と呼ばれる貸付け以外なら、金融機関が照会する「信用情報機関」はどこも共通でほぼ同じところなので、一つの金融機関に事前審査を申し込めば、どこでも結果は同じなのです。

ですから事前審査だけはスピード感のある金融機関に申し込み、本審査は別の金融機関に申し込むことも、当然「アリ」な選択なわけです。もちろん、金融機関側からすれば事前審査まで受け付けたら、そのまま本審査（本申込み）まで進めてもらうのが理想ではありますが、そこはお客様の意思に任されています。

「住宅メーカー巡りを始めたばかりで、どこの金融機関の金利が有利かも分からない段階では、まだ決められないよ」という方は、それでいいのです。どうぞゆっくり決めてください。

事前審査だけを結果の早い金融機関に申し込み、「お墨付き」だけをもらう。最終的に使う金融機関は、住宅の打ち合わせを進めながらじっくりと検討し、実際の融資実行直前に再度別の金融機関に申し込んで（もちろんまた事前審査からにはなりますが）、本審査（本申込み）に進めばいいだけです。

事前審査で「金融機関に数打ちゃ当たる」は御法度！

ただし、一つ注意しなくてはならないことがあります。お客様の中には、効率を考えてのことからか、まるで住宅メーカーに対してネットで一括資料請求をするかのように、複数の金融機関に事前審査の同時申込みをしてしまう方がいます。訪ねていく住宅メーカーごとに、言われるがまま事前審査を申し込んでしまうことも。これがどういうことになるかというと……、審査に落ちます。

事前審査は一つの金融機関に申し込めば十分です。どこで申し込もうと結果は同じで、複数申し込む必要がないことはすでにお話ししてきたとおりです。何よりも複数同時期の審査申込みは、あなたを「不利」にします。これは信用情報機関の特性でもあるので、よく覚えておいてください。

住宅ローンの審査に限らず、一般のカードローン審査にも同じことがいえます。あなたが金融機関に審査を申し込むと、信用情報機関にその都度照会されます。審査を申し込んだその回数も「照会件数」として、信用情報機関に登録されてしまうのです。初回の事前審査申込みで「照会件数：1」と記され、他の金融機関にもまた事前審査を申し込めば、そこの金融機関は信用情報を照会するので「照会件数：2」……というように、累積されていくのです。

この「照会件数」が多ければ多いほど、マイナスポイントになるのです。では、どうして照会件数の多さがマイナスポイントになるのでしょう。

これは単純に「印象」の問題でもあります。金融機関の審査は、住宅ローンに限らず「対象の人を疑ってかかる」のが基本姿勢です。ですから審査も自己申告だけではダメで、あなたが申告した勤務先や年収も、その証拠である源泉徴収票や所得証明書の提示を求めますし、ほかの借入れがないかの確認もしっかりと信用情報機関に照会します。

その時に照会件数が異様に多ければ、金融機関の目にはどう映るでしょう。短期間にそんなに何度も審査を申し込むこと自体が、金融機関からすれば不自然な行為以外の何ものでもありません。本人になんら悪意がなかったにせよ、悪印象を与えてしまいます。

「そんなに何度も金融機関に申し込むなんて、もしかしたら貸し回し（自転車操業的に複数の金融先に返済するために借りる）ではないのか？」「借りるだけ借りて計画倒産や計画破産をするつもりでは？」――そんなマイナスな印象しか与えません。

大金を貸し付ける金融機関にとっては、リスクを回避するためには「疑わしきは罰せず」ではなく「疑わしきは罰する」が正解であり、根拠が薄くても「疑わしい人には貸さない」のが得策ということなのです。

ちなみに、私が以前消費者金融に勤務していた頃は、このような「疑わしき人達」を大勢目にしてきました。

破産申し立て前に、一気に1カ月で数百万円を複数社から借入れ、1回だけ支払いをして、あとは「破産しました」と申告する人達。1社の金融機関で貸付けを断られて焦ったのか、ほかの金融機関に申込みをしまくり、照会件数が累積して、ますます審査が通らなくなるという負のスパイラルに陥った人達……。

話を住宅ローンに戻しますが、事前審査はとにかく1社で十分だということです。複数の金融機関に、同時に事前審査を申請しまくるなどはもってのほか。もし、そこの事前審査に落ちてしまった場合は、策を練り直し、最低でも3カ月間は空けて再度の申込みをするべきです。照会件数の多い人間は「ロクなもんじゃない」というのが、金融機関の共通認識であることを覚えておきましょう。

超絶簡単解説！ 見えない敵「信用情報」の仕組みを知る

これまでに「信用情報機関」という言葉が何度も出てきましたが、「そもそも信用情報機関ってなんなの？」という方のためにご説明させていただきます。

あなたが金融機関からお金を借りる時には、借入れしたい金融機関に申込みをして審査をしてもらいます。審査とは、あなたがお金を借りて本当に返せる人かどうかを金融機関が「判断」することです。その判断材料として年収や勤務先・勤続年数を申告します。

しかし、どんなに収入があってもそれ以上の支払いが発生している人は、当然ながら返済することができませんよね。とはいえ現在どれくらいの借入れがあり、きちんと支払いできているかどうかは、本人からの聞き取りだけでは分かりません。それこそ見栄を張って「借金なんてありません」なんて言う人もいるわけですから。

ですから金融機関である銀行やクレジット会社、消費者金融などは「一企業の枠を超えて」お互いに情報交換し合うことを目的とした「信用情報機関」を利用するわけです。金融機関は信用情報機関の会員になることで、お客様個人の借入件数や、当初の借入金額に対して残債がどれくらい残っているのか、支払日に対しての延滞日数、過去に弁護士介入などで債務整理や破産などの金融事故はないのか、などを確認します。もし本人が見たらビックリするくらいの、いわば個人の「お金の履歴書」がここではあらわになります。

もちろん、そのお客様が今まで一度もお金など借りたことがなく、分割払いの買い物すらしたことのない人であれば、信用情報機関にはなんの情報も存在しません。しかし、お金の借入れやショッピングの分割払いをしている人は、その事実が、本人が想像している以上に詳細に判明します。

ちなみに、あなたの個人情報は信用情報機関で常に最新のものに更新されています。お金の借入れの増減だけではありません。あなたが転職し、金融機関でその新しい勤務先を借入申込書に記入すれば、ただちに信用情報機関にもその内容が反映され、旧勤務先情報は新勤務先情報に更新されます。こうして信用情報機関は、常に最新の情報を維持しているのです。ですから、仮にあなたが借入申込書に、他社からの借入件数や借入残高などを過少申告したところで、まったく意味がないわけです。

この信用情報機関は、お金を貸す側が個人の「総借入額」を把握することで、多重債務を抑止することが目的ですが、この情報を金融機関が共有することで、貸し倒れを未然に防ぎ、貸し手の身を守ることにも役立っています。

ちなみに、信用情報機関には大きく分けて、「ＣＩＣ（割賦販売法・貸金業法指定信用情報機関）」「ＪＩＣＣ（日本信用情報機構）」の2つがあります。一般的に「ＣＩＣ」はクレジットカードや割賦販売などを主に行う金融機関が加盟しており、「ＪＩＣＣ」は消費者金融を含む金融機関が多く加盟しています。

皆さんはあまり認識していないかもしれませんが、金融機関で借入申込みをする時には、金融機関の借入申込書と同時に、必ずセットで「個人情報取得に関する同意書」というものに署名・捺印しています。その「個人情報取得に関する同意書」には、照会先であるＣＩＣやＪＩＣＣといった信用情報機関の名前が記載されています。知らず知らずのうちに情報提供を許可しているのです。

個人の情報を丸裸にしてしまう「信用情報照会」。もちろん、金融機関といえども、個人の信用情報を勝手に照会することはできません。特に個人情報保護法ができてからは、取り扱いにはさらに慎重になっています。ひと昔前の金融会社のように、勝手に「知り合いの借金を調べちゃえ」などと言って端末を叩き、断りもなく個人の信用情報を取得などしたら、今は一発で営業停止になることは間違いありません。

審査とはいえ金融機関1社で持っている情報などはたかが知れています。ですから、

「審査」＝「信用情報の照会」なのです。さらには、前にもお話ししたとおり、金融機関が信用情報を照会して調べればすぐに分かることを本人に聞くのも、あなた自身がきちんと事実を把握して申告しているかどうかが重要だからです。ある意味、**金融機関はあなたが「嘘の申告をすること」以上に、「自身の現状を把握していないこと」のほうを問題視するでしょう。住宅ローンの事前審査のポイントは、ズバリ「自分の過去を正確に知ること」。これに尽きる**のです。

年収1000万円でも審査に落ちる人、過去にブラックでも審査に通る人

金融機関の審査の焦点が、「現在」のあなたではなく、あくまで「過去」のあなたであることはお話ししてきたとおりですが、逆に過去に「やらかした」人でも審査に通るケースをご紹介します。

【住宅メーカーに来たお客様Aと、お客様Bの違い】

Aさんはある上場企業に勤めており、年収は1000万円近くあります。乗っている車

も高級車で、奥様は専業主婦でかなりのブランド好き。

一方のBさんは年収300万円で、奥様はパート勤め。夫婦の合算世帯年収は400万円程度です。

普通に考えれば、Aさんのほうが上客で、Bさんはカツカツの綱渡り状態と思いがちですが、結果はAさんが審査に落ち、Bさんが審査を通過しました。

なぜでしょう？　Aさんは収入に対してあまりにも既存のローン支払いが多過ぎたのです。ご主人の車のローンに加えて奥様の車のローン、クレジットカードも複数枚保有し、キャッシング枠もショッピング枠も限度額いっぱいまで利用。さらに致命的だったのは、過去に何度か支払い遅延が発生していたことです。

住宅ローンの審査では、既存の借入れは毎月の返済額を軸に減額されていきます。ブラックではなかったので、支払いの遅れを解消して正常な支払いに戻せば、借入れ自体はまったくの不可能ではありませんでしたが、相当減額されることでしょう。

実は、Bさんのほうには致命的な過去がありました。Bさんは正直で、「実は過去に債務整理したことがある」と報告してきたのです。担当営業だった私も、さすがにその時点で無理だ……と思いました。しかし、「ちなみに債務整理はいつ頃の話ですか？」と聞くと、「任意整理の支払いが終わって、10年くらいは経つ」とのこと。

この「債務整理から10年経過」という年数に可能性を見出し、事前審査に申込みをしたところ、なんと無事審査通過の報告がきたのです。そして今、Ｂさんは念願のマイホームを手に入れてそこに住んでいます。

私も信用情報の照会では内心ハラハラしたものの、実は債務整理から7~10年も経過すれば、「事故情報」は信用情報から抹消される、いわば「敗者復活のチャンス」が与えられる仕組みになっているのです。

おまけに、Ｂさんは債務整理のため金融機関から借入れができない状態になっていたため、クレジットカードなども持ち合わせていませんでした。つまり、信用情報を照会しても「無借金」のホワイトな人に生まれ変わっていたというわけですね。厳密にいうと、お金を「借りなかった」のではなく「借りられなかった」だけなんですけどね。

ちなみに、住宅ローンの審査では、クレジットカードは実際には使っていなくても、利用限度額がそのまま借入れとみなされます。つまり、１００万円の限度額のカードを50万円しか使っていなくても、いつでも１００万円借りられる状況を踏まえ１００万円借りているのと同じこととみなされ、「負債」として計算されるので気をつけましょう。

審査の結果には、「条件付」という金融機関からの回答がくる場合があります。これは「融資実行前までに車のローンの完済条件付」や、「カードローンの完済条件付」といった、住宅ローンを組む前に借金を減らしておかなくてはならない条件のことをいいます。

年収が高くて小金も持っているのに住宅ローンを組めない人もいれば、過去に「ブラック」となっても、その黒い過去を清算し、住宅ローンを組むことができる人もいる。実に人生はさまざまです。

でも、注意してくださいね。「よかった、よかった。昔やらかしたことがあるから、審査に通らないと思ったよ」なんてこと、間違っても金融機関の人に公言しないように！　金融機関側もそんな事実を聞いてしまった以上は、貸すことができなくなりますから……。

勤続年数1年未満でも借りられる住宅ローン

住宅ローンを組めないと思い込んでいるお客様の中には、「勤続年数」を気にされている方も少なくありません。たしかに民間の金融機関であれば、そのほとんどが「勤続3年以上」「勤続5年以上」という審査基準を設けているのが一般的です。しかし、住宅金融支援機構（旧住宅金融公庫）など、「勤続何年以上」という縛りが存在しない金融機関もあります。

「フラット35」という住宅ローン名を聞いたことがある方も多いかと思います。これはその名のとおり、35年間フラットな、つまり35年間金利が変わらない「長期固定金利」の代表的住宅ローンです。もちろん、変動金利や期間固定金利に比べれば、もともとの金利は高めの設定になってはいますが、35年間完済するまで金利が変わらないというのは、大きな魅力の一つとなります。

勤続年数を気にしているお客様でよくあるのが「転職したばかり」というネックです。しかしこの「フラット35」も、必要なのは「転職前の前年度1年分の収入証明」と、あとは新しい勤務先の「見込み」の収入1年分を提出すればいいのです。

「見込み」の収入証明というのも変な話に聞こえるかもしれませんが、これは、基本給をベースに今後1年間支払われる予定の給与総額を計算して「転職後の収入を証明する書類」として、転職先の会社から出してもらう書類のことです。

書式は住宅金融支援機構から発行されます。

ほかにも、勤続年数の浅い人や転職して間もない人でも借りられる住宅ローンが、世の中には少なからず存在します。最近では「フラット35」以外の民間金融機関でも、「新生銀行」やネット銀行である「auじぶん銀行」などで、勤続年数を問わず申込みを受け付けている金融機関が増えてきているようです。

ただ、しかしですよ！　普通に考えて、転職後間もない数カ月間は、会社でも「試用期間」とみなされている時期です。転職後間もない、これからずっと勤め続けられるか分からない時期に、いくら「勤続年数は関係ない」からといって人生最大の借金ともいわれる「住宅ローン」を組むというのは、販売する側からしても、本音をいえばどうだろうかと疑問に思う行為であることはたしかです。ローン完済は35年後。いわば販売する側も責任を取らなくていい年数だからこそ、お客様に勧められる暴挙ともいえるでしょう。

「35年返済」、そういうシステムからネーミングされた「フラット35」。以前、「『フラット45』はないんですか？」と真顔で聞いてくるお客様がいましたが、逆に問いたいです。「45年後、あなたは働いていますか？」と……。

住宅ローン弱者と呼ばれる「自営業者」、事前準備は3年前から！

住宅メーカーの営業マンが、融資付けで苦労することが多いのが「自営業者」です。まず、一般のサラリーマンとの大きな違いが「収入証明」です。住宅ローンを組む時に、サラリーマンであれば会社からの源泉徴収票や所得証明書などを、それも直近1年分提出するだけですから簡単なものです。しかし、会社を経営している人や自営業者となると、金融機関も「事業の安定性」を見るため、過去3年分の決算書や確定申告書の控えの提出を求めてきます。お金を貸す金融機関としては、1年間単発の収入ではなく、安定した収入が継続しているかを確認したいわけですね。

それでもきちんと会社として登記している経営者は、専任税理士を入れて整合性の取れた決算書を作成している場合が多いのですが、問題なのは個人事業主、いわゆる「自営業者」と呼ばれる人達です。中にはかなりどんぶり勘定の確定申告をしている方も少なくないからです。

自営業者の特権でもある「経費で落とす」行為が、住宅ローンでは裏目に出ることがあるのです。今までも、大勢の自営業者の確定申告書控えを見てきましたが、ほとんどの方が経費で落とせるものは極力経費で落とし、収入も実際より過少申告しているケースが多いのです。過少申告ならまだいいほうで、中には赤字申告している人などもおり、そうなったら完全アウトです。

ここで一番大切な、基本的なことをお伝えしておきます。金融機関は実際の収入など実はどうでもいいのです。大切なのは、あくまで所得証明書・確定申告書上に記載されている数字が「正しいこと」。それが絶対的な判断基準になるということです。よく自営業者の方が「申告上は収入を抑えて記載しているけど、実際にはもっと収入があるから大丈夫だよ」なんて言うのですが、むしろ住宅ローンにおいては、実際の収入なんてどうでもいいのです。金融機関に「実際の収入」をアピールしたところで、一切そんなものは考慮してはくれません。

加えて自営業者に多いのが「信金信者」です。自営業の方は事業用にメインバンクを一般の銀行ではなく、ある程度融通が利く「信用金庫」にしていることが多いのです。たしかに信用金庫は地域密着型で、地元の中小企業を応援することに力を入れているため、信用金庫をメインバンクにしている自営業者は多いのです。

私とて、決して信用金庫をメインバンクにすること自体を問題視しているわけではありません。ただ問題なのは、利用している側の過剰な期待です。

確定申告などで申告金額の少ないお客様を心配する住宅営業マンに対し、お客様はよくこんなことを言います。「○○信用金庫なら大丈夫だ。申告上少なくても、ここ（信用金庫）は昔から商売の取引のあるところだから、実際のうちの収入は分かっているから」と。

信用金庫というのは基本「地域密着」を売りにしているので、地元の経営者とは、一般の銀行よりも密な関係にある場合も多いのです。ですから信用金庫の行員も、古くからのお客様には当然「住宅ローンを組む時もうちにお任せください！」と、毎回の挨拶代わりに言い続けているわけです。

そして、そのなんの根拠もないただの口約束にも近い言葉を、社長さん達は「自分には絶対に貸してくれる」と解釈してしまいがちです。もちろん、昔から取引のある信用金庫で住宅ローンを組まれる方もいますが、実際の「審査」になれば、結局は数字しか判断材料にはしないのです。

いくら昔から取引があろうとも、住宅ローンの金額は事業用資金の融資とはケタが違います。そこに温情や優遇などは存在しません。案の定、審査を申し込むと「審査落ち」や「大幅な減額」の回答がくるのです。

ちなみに、金融機関の人間ならば、相手を期待させておきながら簡単に断るのは慣れたものです。審査になるとそこに人の感情など介入する余地はなく、機械的に年収に占める年間返済額の割合（返済比率・返済負担率）を計算して、貸付け可能な数字が弾き出されるだけなのです。

「昔から付き合いがあるから信用もある」と大船《おおぶね》に乗った気分の経営者をよそに、金融機関の人間はいとも簡単に「今回は当行の規定で融資を見送らせていただくことになりました……」と言ってくる。そんな場面を、私は住宅営業マン時代に散々見てきました。

今の金融機関は江戸時代や明治時代の質屋ではないので、人に対して単なる「信用貸し」などするわけがありません。すべては「信用情報の内容と数字」で審査の可否は決まります。ですから、住宅営業マンにとっては、自営業者の「昔から付き合いがある信用金庫なら大丈夫」というあるある話ほど当てにならないものはないのです。

自営業者が住宅ローンを組みたいのならば、最低限3年間は逆算して、確定申告を正直に、いやむしろ多目の収入で申告しておく必要があることがお分かりいただけたでしょうか。

すでに過少申告してしまっている自営業者で、後の祭りだという方は「修正申告」で過去を変えるしかありません。「修正申告」はその名のとおり、過去に申告した内容を、税務署に行って修正することです。申告を修正しにいくなんて、なんとなく後ろめたい感じがすると思う方もいるかもしれませんが、決してそんなことはありません。

実際の収入が多かったと申告し直すということは、その分税務署に追加で税金を支払うことになるわけですから、税務署も疑うどころか大喜びです。

事前審査に通ったのに、「稀に本審査に落ちてしまう理由」

昔と違い、今は「事前審査」が通れば、ほぼ住宅ローンに関しては心配ありません。しかし、ごく稀に本審査・本申込みで落ちてしまうケースをご紹介します。

今は事前審査の段階で信用情報の照会が実施されるので、本人の金融事故の有無や、他社借入件数・金額が判明した時点で、大枠の審査は完了しているといってもいいでしょう。しかし、ここで問題となり得るのが、「収入」です。事前審査の申込み段階で「所得証明書」や「源泉徴収票」等の提出を求める金融機関なら問題ないのですが、住宅メーカー側が好むスピードと簡易性を重視した「自己申告性」の事前審査の場合、申告と事実の相違が発生することもあるのです。これは事前審査のスピードと簡易性の落とし穴ともいえる事象です。

仮に事前審査で、金融機関から所得証明書の提示が求められなくても、適当な収入申告をすべきではありません。そうすると困った事態を引き起こします。

事前審査で年収５００万円の申告をしていたのに、実際の本申込みで所得証明書を出したら年収400万円だったということになれば、金融機関も住宅ローンの融資可能額を大幅に見直さなければなりません。年収は住宅ローンの「借入可能額」を計算するうえで、とても大事な要件だからです。本人の年収が高ければ借入可能額も高くなりますし、低ければ借入可能額も低くなります。これは当たり前ですよね。

もう一つ大事な要件があります。それが「返済比率」です。一言で言えば「あなたの年収のうち、住宅ローンの返済に充ててもいい割合」のことです。注意してほしいのが、既存の借入れがある場合、それらの毎月の返済額がそのまま引かれて計算されるということです。

返済比率の設定は金融機関により若干の違いがあるので、これはあくまで目安になりますが、参考までに記しておきます。

（※数字に弱い方は退屈してしまうかもしれないので、このページは飛ばしてもかまいません。実際に住宅ローンを組む段階になったら、改めて熟読してみてください）

〈年収300万〜450万円の場合：返済比率30％以下〉

例1「年収300万円で、返済比率30％の場合」

90万円（年間の支払い上限額）÷12カ月＝7万5000円

【毎月の住宅ローン支払い上限額：7万5000円】

例2「年収300万円で、既存の借入返済が毎月3万円の場合」

7万5000円（毎月の住宅ローン支払い上限額）−《マイナス》3万円（毎月の既存借入れ支払い）

【毎月の住宅ローン支払い上限額：4万5000円】

〈年収450万～600万円の場合：返済比率35％以下〉

例3「年収450万円で、返済比率35％の場合」

157万5000円（年間の支払い上限額）÷12カ月＝13万1250円

【毎月の住宅ローン支払い上限額：13万1250円】

例4「年収450万円で、既存の借入返済が毎月3万円の場合」

13万1250円（毎月の住宅ローン支払い上限額）−《マイナス》3万円（毎月の既存借入れ支払い）

【毎月の住宅ローン支払い上限額：10万1250円】

〈年収６００万円以上の場合：返済比率40％以下〉

例５「年収６００万円で、返済比率40％の場合」
２４０万円（年間の支払い上限額）÷12カ月＝20万円
【毎月の住宅ローン支払い上限額：20万円】

例６「年収６００万円で、既存の借入返済が毎月３万円の場合」
20万円（毎月の住宅ローン支払い上限額）ー《マイナス》３万円（毎月の既存借入れ支払い）
【毎月の住宅ローン支払い上限額：17万円】

いかがでしょう。収入が高くなれば住宅ローン返済に充てられる金額（返済比率）が高くなる計算になります。既存借入れも住宅ローンの借入れに響くので、侮《あなど》れませんね。年収と返済比率の設定は、金融機関によって多少異なりますが、それほど大きな差はありません。

話を戻しますが、ここで重要なのは、事前審査申込書に記入する年収の申告額です。年収に対する返済比率は絶対的なものなので、1円たりとも誤差は許されないと考えたほうがいいでしょう。

たとえば、先程の返済比率を例にとっていえば、年収450万円だと思い込んで事前審査の申込書に記入したところ、後から実際は年収449万円だったことが分かったとします。そうすると返済比率は35％から、いきなり30％になります。年収1万円の違いで、借入れできる金額にもかなりの違いが出てきてしまうというわけです。

もちろん金融機関から発行される事前審査結果の融資承認書にも、「事前審査の申告に相違ある場合は無効とする」旨の記載は必ずあります。

しかし、**最もやってはいけないことは、事前審査通過後に新たに借入れを増やしてしまうことです。実際にある話なので、皆さんにも絶対に注意していただきたいことなのですが、「事前審査が通ればこっちのもの」とばかりに、審査通過後の本審査・本申込みまでの間に、新しくクレジットカードをつくったり、車のローンを組んだりと負債を増やしてしまうケースです。**そうなればもちろん審査はやり直しどころか、本審査で落ちてしまうことも十分あり得ることをお忘れなく。

要注意！　意外と多い毎月の通話料に含まれる「スマホ本体分割金」の遅延

皆さんは、ご自分の「借金」を正解に把握していますか？　住宅ローンの審査では既存の借入れであるクレジットカードや車のローン、分割払いの買い物などをきちんと申告しなくてはなりません。ご説明してきたとおり、既存の借入れは住宅ローンの支払いの上限額に大きな影響を及ぼすからです。

支払いの遅れや未払いなどは論外ですが、意外に多いのが「無自覚」な借金とその遅延です。これが、住宅ローンの審査に影響することがあります。最近特に多いのが「スマホ本体の分割払いの遅延」です。ご存じのとおりスマホを購入する時や機種変更する場合、多くの方が毎月の通話料の請求と一緒に分割払いしているはずです。

そして「たかが通話料」と、支払いに遅れが生じた場合、その通話料に潜んでいる**スマホ本体の分割料の支払いも、一緒に遅れてしまっていることを忘れてはなりません。スマホ本体の分割払いの遅れは、当然ながらCICなどのクレジット系の信用情報機関に「遅延」として登録されます。それが、住宅ローン審査時に「遅延情報」として出て**

きてしまうわけです。

たかがスマホの料金といえど、金融機関からすれば「商品を購入しておきながら、支払いが困難となって支払いが遅れた人」以外の何ものでもありません。中にはスマホの機種本体の料金が分割で支払われていることすら自覚がない人もいます。

こういった「スマホブラック」は、「無自覚ブラック」とも呼ばれ、住宅ローンの審査でつまずくことが本当に多い事例なのです。私が住宅営業マンだった時には、担当したご家族全員が最新機種のスマホをドヤ顔でいじっている姿などを目にすると……、ゾッとしたものです。

金融機関が審査した「借入可能額」＝「返済可能額」ではないことを理解する

「借入可能額」と「返済可能額」――この違いについて考えたことはありますか？　どちらも似たような言葉かもしれませんが、実はまったく意味が違います。「借入可能額」は、どちらかというとお金を貸す側の金融機関がよく使う言葉で、年収から返済比率を計算した「借りられることが確定した金額」のことです。これに対して「返済可能額」は、借り手目線で考えた場合に「借りたお金が返せると思う金額」といえるでしょう。

そうです、この2つの決定的な違いは、「確定」していることと「未確定」であることなんです。「借入可能額」は金融機関が勝手に決めて確定した金額ですが、実際に返済可能かどうかはお客様が決めることですよね。

30年、35年先までに返済が可能かどうかを真剣に考えた時、お客様は大きく次の3つのタイプに分かれます。

①きちんとした人生設計に基づき、リスクも踏まえた返済計画なので心配ない。
②先行き不透明なこの時代、人生何が起こるか分からないし、35年間も継続してローンを払い続けるなんて不安しかない。
③不安は確かにあるが、35年先のことを考えても仕方がない。金融機関が貸すといっているのだから大丈夫だろう。

住宅メーカーに足を運ぶお客様の中で一番多いのは、もちろん③の人達です。住宅メーカーの人間も、「売るため」にはこう言います。

「融資が通って本当によかったですね！　融資が通ったということは、返済も問題がないという金融機関のお墨付きをもらったようなものです。金融機関だって返済できない人には貸しませんからね」

はたして本当にそうでしょうか？　もし本当に金融機関が判定した「借入可能額」が信頼できるものならば、「住宅ローン破綻《はたん》」する人など出るはずがありません。もちろんなんの根拠もなく「借入可能額」を算出しているわけではありませんし、きちんとあなたの年収や既存借入れを考慮した「返済比率」を計算しているはずです。ただし、それはあくまで今のあなたの状況が、今後35年間何も変わらずに継続するということを前提とした計算です。

そういう意味では「返済可能額」というものは一つの目安にはなりますが、基本的に「自己責任」であることを忘れてはならないでしょう。借入れしてから30年、35年先のあなたの人生の変動やリスクなどは、あなたを含め、住宅メーカーの営業マンも金融機関の人間も、完全に予測できるはずもないからです。

ある意味、金融機関の算出する「借入可能額」なんていうものは、今現在この瞬間のあなたに対する判定であり、この先30年後にあなたが返せなくなっているのではないかということについては、誰も責任を取らなくてもいいことなのです。

実際30年、35年後には、今あなたの住宅を購入するために尽力している担当営業マンも、金融機関の担当者も、あなたの目の前からはいなくなっていることでしょう。子供も大きくなり独立しているかもしれません、親も亡くなっているかもしれません。

そう、35年後、あなたの周りに今と同じ人はいないのです。そのくらいの年月であることは間違いありません。

銀行員の判断も所詮は「勘レベル」。皆が悩む「金利」の最善の選択とは

住宅ローンを組む時に、多くの人が悩む「金利」の選択。固定金利にするのか変動金利にしたほうがいいのか。もちろんその金利の選択で、完済までの住宅ローン総支払額がかなり変わってくることは間違いないでしょう。

本書は実用書ではないので、金利について深く掘り下げることはしませんが、住宅ローンにおける基本的な金利の種類と特性については簡単に説明しておきます。まず住宅ローンの金利は大きく分けて3種類があります。

①変動金利

一般的に金利の中では最も低い金利で設定されていますが、その金利は半年ごとに見直されます。金利が下がれば毎月の返済額も下がりますし、金利が上がれば毎月の返済額も上がる仕組みです。現在、史上最低水準の金利が続いているため、2018年に住宅ローンを組んだ人々の実に7割が、変動金利を選択しています（住宅金融支援機構、2019年度「民間住宅ローンの貸出動向調査」）。

②全期間固定金利

借入れのスタートから完済までの全期間において金利が固定されています。住宅金融支援機構の「フラット35」がこの代表例ですが、みずほ銀行やりそな銀行などで取り扱いがあります。金利に一切変動がないので安心ではありますが、金利の設定が変動金利に比べて割高なため、仮に市場で低金利が完済まで続いたり、金利がさらに低くなった場合は損をすることになります。住宅ローンの総返済額が、変動金利の人に比べて当然、多くなるからです。

③期間固定金利

一般的に3年・5年・10年の期間を選択し、その期間は金利が変動しないという仕組みです。金利の高さは3年＜5年＜10年と、長期の固定になればなるほど高く設定されています。

③の期間固定金利の場合ですが、ひと昔前までは、固定期間を過ぎると自動的に変動金利に戻ることで「いきなり金利が上がって、毎月の返済額も上がってしまった」という現象が起きていました。今でもその時のイメージを持たれる方も多いと思います。

しかし現在は、固定期間終了後に、あらためて変動金利の「3年・5年・10年」の中から固定期間を選択できる金融機関もあります。選択を繰り返すことで完済までつなげることが可能なので、昔のように波の荒い支払いになることはあまりありません。もちろんこの仕組みを採用していない金融機関もありますから、ここはきちんと確認することが必要です。

もう一つ見逃しがちな大きなポイントが、「優遇金利（金利の引下げ）」の確認です。今はほとんどの住宅ローンに「優遇金利」という、金融機関の店頭表示金利から金利の引下げが適用されているはずです。どういうことか説明しましょう。

たとえば、「店頭表示金利3％から1・5％引下げ」となっていれば、単純に引き算して「1・5％」の金利が適用されるというものです。この優遇金利は「当初3年間だけ」

「5年間だけ」「10年間」と期間を区切っているところもあれば、「全期間優遇適用」のところもあります。

仮に、優遇金利適用が「10年間限定」であれば、11年目からは1・5％の金利が上乗せされて毎月の返済額が増えることになります。

ここで注意が必要なのが毎月の負担増です。単純に優遇がなくなって本来の金利に戻っただけなのですが、それまで10年間も1・5％引かれていたのが、いきなり3％になるわけですから、毎月の返済額の負担増の感覚は想像以上です。

住宅ローンの金利を選ぶ時、ほとんどの人は「固定がいいのか、変動がいいのか」「どこの金融機関が今、一番金利が低いのか」といった金融機関の店頭表示金利と金利の期間選択にばかり目が行きがちですが、店頭表示金利などの違いは、所詮は誤差の範囲です。

現実的には、3年や5年かけて毎月の支払いペースを掴めたと思ったら、その後の「優遇切れ」による支払い増加で、ヒーヒー言っているという人のほうがはるかに多いのです。私自身、そういう人達を大勢見てきていますから。

普通に考えれば、「期間固定金利」もその期間終了後に再度「期間固定金利」を選べたほうがいいですし、「優遇金利」も「全期間優遇」のほうがいいに決まっています。

しかし、現実にはこの優遇期間等は金融機関全体で足並みが揃っていません。重要なことであるにもかかわらず、借入れの時にもあまり着目されていないという不思議な制度なのです。個人的には、ある意味で金融機関によるトラップとしか思えない「優遇期間」のばらつきなのですが……。

なぜか金利を選択する時、店頭金利のコンマ数%は気にするのに、この優遇期間を気にする人は少ないのです。優遇期間が切れて本来の金利に戻った時の負担増は、計り知れないものがあるにもかかわらず……。

多くの人は、「固定がいいのか？　変動がいいのか？」という大枠しか気にしません。金利選択の参考にと住宅ローン金利についての専門書やネット記事をたくさん検索し、それでも正解が見つけられずにモヤモヤしている人も多いのではないでしょうか？

すでにお気づきだとは思いますが、どこを探してもそんな正解や結論は載っていません。もちろん金利の種類や、それぞれのメリット・デメリットなどは紹介されています。しかし、あなたの生活スタイルや生活レベルを把握していない限り、どんな専門家達もあなたにとって最適で具体的な金利の提案など導き出すことはできません。

しかも詳細なデータを渡して検討してもらっても、最終的に導き出されるのは「あなたのライフスタイルが35年間変わらない」前提での「最適なプラン」「ベストな金利選択」といった結論なのです。

金融機関の銀行員も同じです。彼らもあなたに対して「この金利を選んだほうがいい」とは絶対に言いません。もちろん金利選択の特徴については詳しく説明してくれますが、せいぜい「～を選ぶ人が多い」くらいの表現に留まることでしょう。

金利は自己責任としてお客様に選ばせるスタンスが鉄則。つまり、住宅ローンの金利選択などは、誰にも正解が分からない商品なんですね。そういう意味では、金融機関の人間ですら「責任を取ることができない」「責任のない」、ある意味珍しい商品なのかもしれません。

固定金利か、変動金利か、はたまた期間固定がいいのか……。金利選択はとても重要なことではありますが、その選択の違いで生じるのは、所詮は住宅ローンの返済総額であり、どれだけ得をするか損をするかというだけのことです。金利選択が原因（変動か固定か）で、住宅ローン破綻という話までには至りません。むしろ、それよりももっと重要なことを心配したほうがいいでしょう。

乱暴な言い方にはなってしまいますが、極論としてどんなにあなたにピッタリな金利を選んだとしても、リストラや病気などで生活自体が破綻してしまえば、住宅ローンの支払いは不能になってしまうことを忘れてはなりません。

注意！ 賃貸暮らしの人は「家賃＋住宅ローン」の二重支払いになる時期も

住宅ローンを組んだ時、多くの人は今まで見たことのない単位のお金が自分の口座に振り込まれることとなります。そして、融資の実行（お金の振込み）が完了したら、もちろん住宅ローンの返済がスタートするわけです。ここで注意しなくてはいけないのが、その融資が実行されるタイミングです。

融資実行のタイミングは金融機関により異なり、大きく分けると2種類あります。①「建物完成前」、②「建物完成後」です。

ここで何が問題になるかというと、賃貸住宅に住んでいる方の場合、現在の家賃と住宅ローンの返済の二重支払いが発生する期間もあるということです。この理由をもう少し掘り下げてお話しします。

住宅ローンの融資の流れでは、審査が通って、いざ「融資実行」する直前に、お客様と金融機関との間で「金銭消費貸借契約」、通称「金消契約」を締結します。この金消契約を結んで、初めてお客様の口座に融資金が振り込まれて融資が実行されるのです。

ただし、①と②の場合では、金消契約のタイミングが異なります。当然、①の場合は建物着工直前、②の場合は建物完成直前から融資を開始します。もちろん、これは金融機関の規定なので、お客様が選択することはできません。

問題なのは①の場合、建物完成前でも融資が実行されれば、その翌月から住宅ローンの返済が始まるということです。そうなると、新築住宅が完成するまでの数カ月間は、現在の賃貸住宅の家賃も支払わなければならないうえ、まだ住んでもいない新築住宅のローンも払い始めなければなりません。「家賃＋住宅ローンの返済」という二重支払い期間が発生するのです。

「早く返済が始まれば、返済も早く終わるでしょ」というのが金融機関の言い分です。しかし、蓄えのある方ならばいいのですが、そうでない方にとっては、これが意外とキツいのも現実。ですから、住宅ローンを利用する場合も、ある程度の生活費の余力は必要となってくることを、理解しておかなければなりません。

ただし、金融機関によっては、家賃が発生する間は、住宅ローンの返済額を通常の「元金＋金利」ではなく、「金利だけ」にして返済額を抑えてくれるところもありますので、相談してみるのもいいかもしれません。

ちなみに②の場合は、現在お住まいの賃貸住宅を退去した後の、新築住宅に転居してからの住宅ローン返済開始になるので、このような心配はありません。

また、現在は8割近い金融機関が①を採用しているものの、住宅金融支援機構の「フラット35」やその他民間の金融機関でも、②を採用しているところもあります。

もっとも②の場合は、「つなぎ融資」を利用しなくてはいけないため、余計な利息はかかります。この「つなぎ融資」は、住宅ローンを説明する時に、「分かりにくい話」ナンバー1ともいわれる制度です。ここで少し触れておきます。
②のケースは、お客様にとっては助かる話ですが、今度は住宅メーカー側は困ったことになります。どういうことかというと……。通常ですと、住宅メーカー側に建築費を支払うタイミングは、着工前までに「着工金」として総費用の1／3を支払い、上棟前に「中間金」として総費用の1／3を、そして残りの1／3は建物が完成したら支払う仕組みになっており、計3回に分けての支払いが一般的です。
そうなると②の建物完成後の一括融資実行では、住宅メーカーに支払う「着工金」と「中間金」が準備できないことになります。そんな時「つなぎ融資」が必要となるわけです。つまり、建物完成後に融資が実行されるまでの間だけ短期的に別枠で融資をしてもらい、住宅メーカーに「着工金」と「中間金」を支払うという仕組みです。建物完成後の一括融資実行までの間だけを「つなぐ」意味から「つなぎ融資」と呼ばれる、そのままの意

味です。

「つなぎ融資」で借りた分の返済は、建物完成後に一括実行される融資金から返済します。ここで注意しなくてはならないことは、たとえ「つなぐ」だけとはいえ、お金を借りるわけですから当然「利息」が発生するということです。

利息は着工金を支払う時期から、建物完成後の実際の融資実行までの期間なので数カ月間ではあります。しかし、現在、住宅ローンの金利が1％前後であるのに対して、「つなぎ融資」の金利は2％から高いところだと3％を超えるところもあり、住宅ローンの金利に比べると高い金利に設定されています。

そしてその利息も、建物完成後の融資実行時に、元金と一緒に返済することになります。細かい話になりますが、もしこの「つなぎ融資」にかかる利息も住宅ローンの融資金から支払うつもりであれば、その「つなぎ融資」にかかる利息分も計算して借入れをしておかないと、最終的に「融資してもらったお金だけでは足りない！」なんてことにもなりかねません。

ある程度の自己資金を持ち合わせたうえで住宅ローンを組まれる方は問題ありませんが、ほぼ満額を住宅ローンで計画している方は、こういう細かい費用も計算してから、実際に借りる融資額を決定していかなくてはなりません。

厳禁!! 実際の建築費以上に借りること。避けるべき「フカシ」の手口とは

新築住宅を購入したら、夢も膨らむものです。

「新しいお家のリビングには新しいオシャレなソファーを入れて、寝室には新しいベッド。キッチンには可愛らしいダイニングテーブル、リビングには大画面の液晶テレビも欲しいな～」というように。

でも、まさか皆さん、これらの費用まで住宅ローンの借入れをあてにしようなんて考えたりしていませんか？

実はそういう人がいまだに多いのも事実です。

しかし結論から言いますと、それはできません！

「住宅ローンを多めに借りて、車のローンを完済したいんだけど……」「住宅ローンを多めに借りて、家電を揃えたいんだけど……」と、平気で言ってくるお客様がいるのですが、住宅営業マンからすれば「一体、いつの時代の話をしていることやら……」と感じてしまいます。

たしかに大昔はそんな話もあったかもしれませんが、今はそんなことは許されません。**現在は、住宅ローンで借りるお金は、実際に住宅にかかる費用のみが対象で、それ以上の金額を住宅ローンとして借入れすることは「オーバーローン」として禁じられているのです。**

もしあなたが金融機関を騙して、純粋な住宅購入費以上の借入れをし、ほかの買い物に使ってしまったことが発覚したら……、融資金の一括返済を求められることもあり得るくらいの重罪となるのでご注意ください。そりゃそうですよね。今時は、車のローンの金利だって2~3%以上ですし、カードで商品を分割払いすれば、支払い回数にもよりますが、手数料を考えれば年利は2・5%くらいにはなります。これを今、世の中に存在する金利の中で最も低い金利といわれる「住宅ローン」を利用して購入しようとするんですから、虫がよすぎる話です。

世の中には、その資金使途別にそれぞれ相場の金利というものが存在しています。車の購入には車のローンの金利、銀行系のクレジットカードにはクレジットカードの一般的な金利と、それぞれ使い道に応じた金利が適用されるのが通常の考えです。

ですから住宅建築にかかる費用以外の、いわゆる「家具・家電等の購入費用」としては、純粋な住宅ローンとは別枠の「諸費用ローン」として、住宅ローンとセットで組めるものを勧める金融機関も多いようです。ちなみに、この諸費用ローンになると金利は5％程度になります。

ただ、この「オーバーローン」が組まれる背景として、住宅メーカー側が加担している部分が多いことも否めません。住宅メーカーも、契約が欲しいばかりに「実際より多めに見積もり作成しますよ」だの、「外構工事費用の見積もりに多少上乗せした金額で作成しておきますから」とお得感を煽《あお》り、住宅契約を促すケースが少なくないということです。

いわゆる「フカシの見積もり」というやつです。領収書の添付まで求めてくる金融機関ならごまかしは通用しませんが、見積書や契約書の写しだけで決済をしてしまう金融機関なら、正直どうとでもなってしまうのも現実です。

しかし、これはれっきとした不正。もしその事実が発覚した場合は、そそのかした住宅メーカー側が取引停止になるだけでなく、金融機関と契約したあなた自身にも、違約金請求や一括返済などのリスクが降りかかってきます。ここは、冷静な判断が必要であることはいうまでもありません。

被災地限定、金融機関が教えたがらない超低金利「災害復興住宅融資」とは

ここで特殊な例ではありますが、被災地における特例の融資の話をご紹介します。地震大国である日本に住む私達は、過去にもさまざまな災害を経験してきました。阪神・淡路大震災、新潟県中越地震、東日本大震災、熊本地震など。さらに2019年の台風15号、19号による災害も記憶に新しいところです。

これら、**国から「災害」として認められた地震や台風の被災地で、個人に共通して発行される証明書に「罹災《りさい》証明」というものがあります。被災された経験をお持ちの方ならピンとくると思いますが、被災地ではこの罹災証明が大きな効力を発揮します。**

まず罹災証明について簡単に説明します。国が「災害認定」をした場合、損壊した家屋には調査員が赴き、損壊の程度を確認したうえで「一部損壊」「準半壊」「半壊」「大規模半壊」「全壊」と判定を下し、その判定内容の「罹災証明書」を発行します。被災者はその罹災証明書を提示することで、判定の程度に応じて各種支援金や助成金が受けられるのです。

しかし、現実的には倒壊した家屋を再建するのに、数百万円の支援金で足りるはずがありません。多くの人は足りない分を住宅ローンとして金融機関から借りるわけです。その被災地独自の住宅ローンで代表的なのが「災害復興住宅融資」と呼ばれるものです。

この災害復興住宅融資の融資元は、「フラット35」でお馴染《なじ》みの「住宅金融支援機構」です。ここでは東日本大震災を例にとって説明します。

利用できる対象は、罹災証明で「半壊」以上が出ている人です。一般的な住宅ローンとの大きな違いは、融資手数料や保証料と呼ばれる金融機関に支払う手数料が無料という点です。一般的には、融資額の2％以上の手数料がかかるので、仮に3000万円借入れすれば60万円程度はかかるものが、無料になるわけです。

さらに驚くべきはその金利です。住宅の建築や購入の場合、当初10年間は「無利息」で、11年目から完済までは0・44％（2020年7月現在）の固定という低金利。融資額の上限はあるものの、お得な融資であることに間違いはありません（災害によって金利の設定に違いがありますのでご確認ください）。

ただ、この**「災害復興住宅融資」を金融機関があえて勧めてくることはありません**。まず住宅金融支援機構は窓口を持っておらず、民間の金融機関が代理店を務めているので、一般の銀行や信用金庫が融資窓口となります。そのため**「災害復興住宅融資」の申込書**

も、民間の金融機関へ取りに行かなくてはなりません。

では、どうして積極的に勧めてこないのでしょう？　考えれば当然のことです。各民間の金融機関はそれぞれ自社独自の住宅ローン商品を販売しており、災害になれば独自の「災害復興ローン」などと呼ばれるものも販売開始します。災害復興住宅融資を勧めて、わずかな代理店手数料をもらうよりも、自社の住宅ローンを販売したほうが、はるかに利益が出ることはいうまでもないからです。

ですから、金融機関でお客様のほうから「災害復興住宅融資」を申し出て、初めて「しぶしぶ」奥のほうから、その申込書を出してくることでしょう……。

夢のような甘い言葉「自己資金ゼロ」……は残念ながら現実あり得ません

住宅メーカーを訪れるお客様からよくされる質問で、「自己資金はどれくらい必要なのでしょう?」というものがあります。「どれくらい必要か」を聞いてくるお客様ならまだマシで、「フルローンでお願いします!」なんて言われることもあります。「フルローン」……名前はカッコいいですが、現実問題としてそれは無理であるということは最初に申し上げておきましょう。

住宅の建築資金は、もちろん住宅ローンで支払えますが、現実は住宅ローンの融資が実行されるまでに、前払いしなくてはいけないものがたくさんあります。

まず住宅メーカーと契約する際は、どこの住宅メーカーも「契約金（内金）」が必要となります。契約金の金額は住宅メーカーにより異なります。購入金額の数％が契約金という住宅メーカーもあれば、一律100万円以上という住宅メーカーもあります。そのために、最低限のまとまったお金は事前に準備しておかなくてはなりません。

そのほかにも、融資実行まで待ってくれない支払いは多々あります。契約書を交わす時に発生する印紙代、さらに工事が終わる前に水道は使える状態にしておかなくてはなりませんので、水道加入金（金額は各市町村や水道の口径により異なりますが、おおよそ10万円前後）も市町村に納めなければなりません。建物を法務局に登記する費用も一部、司法書士に10万円単位で支払わなくてはなりません。

つまり、住宅を購入する際には、最低限このような費用を住宅ローンを使わずとも支払える余裕があることが常識と考えておくべきです。一般的に住宅を購入する場合、これらの「諸経費」と呼ばれる自己資金は、購入金額の5～10％程度を準備しておくのが理想です。

しかし、現実にはなかなかそういうお客様ばかりではなく、いざお客様と契約の話になった時、「実は一文無しだった……」という珍エピソードも少なくありません。

私が勤めていた住宅メーカーでは、お客様と契約する時の契約金として、最低１００万円以上を内金としてお預かりするのが規定でした。ただ、ローコストメーカーであるがゆえに、来られるお客様も皆が皆、資金に余裕のある人ばかりでありませんでした。そのため社内的な特例措置として、どうしても１００万円が契約までにご用意できない方に対しては、最低10万円あれば、契約を締結できるように本社から許可を取り付けたのです。

ところが「10万円ならなんとかなります！」と言ってくれるお客様ばかりではなく、中にはこの「10万円すら用意できない」という強者もいたのです。

そうなると、お客様共々営業マンも大騒ぎです。せっかく長時間にわたる打ち合わせを行ってきて、ようやく「契約」という晴れの舞台にまで漕ぎ着けて喜んでいたのもつかの間、契約金が用意できないためにそれまでの努力が無駄になりかねない非常事態が発生するわけです。

ただ、契約まで事が運んだお客様は、当然のことながら金融機関の事前審査は通過しています。だから営業マンはお客様に「金融機関の審査は通っているので、融資が実行されたら必ず返済することを条件に、親族の方に10万円の融通をお願いしてみては？」などと、金策を促したりします。

しかし親族からの援助も無理となれば、それこそ最悪です。即日融資の消費者金融にでも走ってもらうしかありません。住宅営業をしていると遭遇する緊急事態ではありますが、ここが住宅営業マンの悲しい性《さが》。「契約したい！」という獲物（お客様）を目の前にして、営業マンも諦めきれません。そして、ついにこんなことを言い出す営業マンもいます……。

「分かりました……。では会社に内緒で、特別に私が契約金の10万円を個人的にお貸しします。返済は融資が実行された後でかまいません」

事前審査が通っているとはいえ、親族からも借りられないほど、いわば「信用」のない人に、無担保・無利息でお金を貸すのですから、住宅営業もリスキーな商売です。

実際に私が営業マンだった時代にも、常時こういうお客様を2、3人は抱えていました。常に20～30万円は、営業マンである私のお金で回していたことになります。もちろん、回収率は100%でしたけれど……。

このように自己資金が乏しいと、お客様だけでなく営業マンも苦労することになります。契約金どころか、中には契約書に貼る「印紙代」もないなんていうお客様もいるのですから、現代の貧困問題はかなりの深刻さともいえるでしょう。いやいや、そうではありません！　そもそも数千万円の買い物をするのに「10万円の契約金が払えない」とか、「数万円の印紙代が払えない」という状況自体が、いかがなものでしょう……。

住宅ローン破綻者が増加しているといわれる現在ではありますが、このように入り口から「本当に住宅ローンを組んで大丈夫？」と、販売する側すら心配になるお客様が多いのも事実なのです。住宅ローンの審査が通ればこっちのものと、夢の実現へ向かい突っ走るのもいいでしょう。しかし、無謀な計画であれば、その代償も大きいということを理解しておかなくてはなりません。

column3

実は割高になる「被災地」での建築費

地震大国日本に住む私達にとって、他人事《ひとごと》ではない「被災地」の建築事情についてもお話ししておきます。私自身が東日本大震災当時、リアルに住宅を販売していました。

東日本大震災クラスの大地震がくると、いくら優秀な日本の住宅でも相当な被害を受けます。そして「破壊」の後は必ず「再生」という流れになり、破壊された分が反動となり、建築ラッシュとなるのです。もちろん、お金の面ではお客様にさまざまな補助金や支援金が用意されますが、問題は受け入れる側の住宅メーカーです。

震災が落ち着き復興へ向かうと、「建築バブル」などと揶揄《やゆ》されるほど、住宅メーカー側の売り手市場となるわけです。打ち合わせは完全予約制となり、平常時はストーカーのようにお客様を追いかけ回す営業マンも、立場は逆転。アポなしだとお客様が営業マンを追いかけ回す側になります。

そして、どこの住宅メーカーも口を揃えて「復興応援キャンペーン」を打ち出し、（契約を）取れる時に取れるだけ取れ！　と営業スタイルを究極の「狩猟型」へと変化させます。平常時は常にお客様の顔色を窺《うかが》いながら、殿様でも扱うように対応していたのに、放っておいてもお客様が途切れることのない被災地ではそんなわけにはいきません。忙しさがピークの時にはお客様に「契約するのかしないのか」と、結論を聞いてから商談に入ることもあるくらいです。

そして問題なのが、被災地における「住宅価格」です。現実問題として、被災地では需要が増え過ぎて、住宅をつくる現場の下請け業者から職人さんまですべての「人手」が足りなくなります。足りなくなれば県外からも職人さんを呼ばなくてはなりませんし、材料費も値上がりします。

ちなみに、東日本大震災の時は生コンなども、通常時の5倍以上の価格でした。県外から職人さんを呼べば「遠方費」もかかりますし、私がいた福島県では原発事故の影響もあり「危険手当」まで請求されることもありました。そんなことで被災地ではかなりの経費がかかるわけです。

住宅メーカーも赤字を出してまでお客様に販売するはずはなく、余分にかかった経費は販売価格に反映されることになります。しかし、だからといって住宅メーカーも、あからさまに坪単価を上げることはできません。そうなると、見積もり上は住宅の「本体価格」以外の項目の諸経費として計上するしかありません。これは住宅メーカーによって言い方は違ってはきますが、たとえば諸経費の部分に「地域対応費」とか「地域割増費」などという聞き慣れない言葉で金額が記されています。

たしかに言葉の意味としては間違いないでしょう。「地域対応費」（被災地域に対応するための金額）、「地域割増費」（被災地域の割増金額）なわけですから。ただ、問題なのはそこに記されている金額です。とにかく被災地で余計にかかる諸々の分をザックリと「地域対応費」などと計上しているものですから、そこには「150万」だの「200万」などといった驚くべき金額が記載されています。

お客様からすれば「被災地なんだから安くしろよ」と言いたいところだと思いますが、そうもいかないのが被災地の現実です。この「地域対応費」などという意味不明の項目と金額を見て、「納得いかない！」と怒り出す人もいますが、そこは売り手市場の住宅メーカー。「嫌なら結構、他社も一緒」というスタンスで押し切ろうとします。

実際、被災していない他県と比べると同じ住宅メーカーなのにまったく違う金額になるのです。被災地では「復興応援キャンペーン」といいながら、金額的にはまったく応援できていないキャンペーンともいえましょう。

◎東日本大震災、過去被災地におけるお客様の悲劇

被災地における問題として、もう一つ「工期」が挙げられます。建築ラッシュにより、当然のようにお客様は順番待ちとなります。打ち合わせが順番待ちとなれば建物の着工も順番待ち、完成も順番待ちです。順番待ちといってもその待っている期間は、ピーク時で2年間ということもありました。

2年間はかなり長いですよ！　それこそ打ち合わせをしたその内容すら忘れてしまうくらいの期間です。そして何より、被災して一日でも早く住みたいのに、完成するまで待たなくてはいけないわけです、待たされることで、余計なお金の問題も発生します。

既存の住宅が倒壊し、そこに新たに建て直したい場合は、もちろんその壊れた建物を完全に解体してから新しく住宅を建てます。解体して新しい建物が出来上がるまでは、仮住まいとしてアパートなどの賃貸住宅に住まなくてはなりません。そしてその仮住まいであるアパートには、当然家賃が発生します。

前もって住宅メーカーから、着工は半年先と聞いていれば、その覚悟で賃貸生活もしていきますが、当時の被災地では半年後の着工のはずが、1年後、1年半後とどんどん遅れていく状況でした。そうなるとお客様も黙ってはいません。その分、仮住まいの家賃の支払いも発生するのですから当然でしょう。「ふざけんなー！　家賃を補償しろー！」と大騒ぎになりました。当時の被災地では、ワンルームマンションに家族4人で住むという例もあったくらい、賃貸住宅も足りない状況でした。東日本大震災は少し特殊な例かもしれませんが、そんな生活環境も重なり、住宅を建てるストレスも尋常ではなかったに違いありません。

第4章

新築の感激はひと時、住宅ローンの支払いは一生

― 夢の末路 ―

賃貸の「家賃」、持ち家の「住宅ローン」。どちらも住むにはお金がかかる現実

永遠のテーマともいえる「持ち家派」vs.「賃貸派」論争。

持ち家派の人はこう言います。

「賃貸ではいつまで家賃を支払っても自分のものにはならない。家賃という消費でお金を垂れ流してるようなものだ」

それに対して、賃貸派の人はこう言います。

「持ち家なんかにしたら簡単に引越しができない。永住覚悟で生活するなんてあり得ない。住宅ローンの重荷もごめんだ」

それぞれのメリット・デメリットを言い出したら、それこそキリがないでしょう。せっかくなので、定番にはなりますが、ここでも少しだけ「持ち家」と「賃貸」、それぞれのメリット・デメリットについて触れておきましょう。

まず「持ち家」の場合には、住宅ローンという長期間に及ぶ呪縛がありますが、無事完済すればローンの支払いはなくなり、住宅にかかる費用負担はなくなります。自己所有で

あればリフォームも自由ですし、賃貸として活用することも可能でしょう。ただ、**住宅ローンはなくなっても「固定資産税」という名の税金は永遠に支払わなければなりません。**

建物の固定資産税は年々目減りはしていきますが、土地にかかる税金は下がることはなく、ほぼ横ばいといったところです。固定資産税も都市部の路線価の高い場所になれば、かなりの金額が毎年税金として徴収されます。

一方、賃貸の場合だと、仕事で転勤になった場合でも自由に気軽に転居が可能です。エアコンや給湯器が壊れたとしても、費用は大家負担で修理や交換をしてくれることでしょう。ただ、当たり前ですが、毎月家賃を払い続けても永遠に自分のものにはなりません。最近では入居者の孤独死も大家から敬遠されるので、高齢になると賃貸は借りにくい状況にもなります。

もう一つよく言われるのは、賃貸はただの「消費」で、持ち家は「資産」だということです。しかし、住宅ローンを支払っている間は資産でもなんでもなく、ただの「負債」です。ローンを完済して、初めて「資産」となるわけですね。

しかも、たとえば30年、35年後にやっと「資産」になったとしても、その頃には建物の評価が目減りして、建物自体の資産価値などほぼないと言っても過言ではありません。

最近では「空き家」問題などもよく耳にします。団塊世代の相続や少子高齢化が進み、特に築30年オーバーの家屋が、かなりの割合で空き家となっています。私も仕事で、築年数30～35年経過した家屋が集中する団地に行く機会が多いのですが、結構な戸数が空き家となっているのを見かけます。

近所の人に聞いてみると、その理由として多いのが「親御さんを息子さんや娘さんが引き取っていった」というものです。高齢になって子供達に引き取られたお父さまお母さまも、数十年前にこの家を購入した当時はもちろん、「子供達に資産として残したい」という思いがあったことでしょう。

しかし、結果的に子供達は自分達なりのライフスタイルに合った別の場所に住居を求め、生活していることが多いのです。両親と共に住む長男が嫁を迎えるというのはすでに昔の話であり、**今は両親のほうが、若い世代の生活に合わせて面倒を見てもらうパターンに変わってきています。**

そして、人が住まなくなった家屋の劣化のスピードは驚くべきものです。あっという間に「廃屋」に変貌します。子供達に残した「資産」のはずが、固定資産税だけを支払い続けなくてはならない「負の遺産」になることもあるということです。

とまぁ、こんな後ろ向きな話をし始めたらキリがないのですが、地方ではまだ「持ち家」志向が強いのも事実です。都市部ではそれほどでもないかもしれませんが、やはり地方では理屈抜きに「持ち家」はある意味でステータスであり、「賃貸で一生を終えたくない」と公言する人も少なくありません。ボロ屋でも一軒家の持ち家に住んでいる老人と、ボロアパートに住む老人では、明らかにその悲壮感と印象に違いがあるようです。

高齢でアパートに住んでいるというだけで、近所からは勝手に「可哀想な人」という烙《らく》印《いん》を押されてしまうのですから、田舎というのは恐ろしいところです。「持ち家」か「賃貸」か。住宅ローン同様、数十年先の未来までは予想できないがゆえに答えが出ないテーマともいえましょう。ただ一つ確かなのは、生活自体が破綻すれば「賃貸」だろうと「住宅ローン」だろうと、路頭に迷うのは同じだということです。

実際に高齢の年金暮らしの人に聞いてみてください。特に国民年金だけで生活している人が、毎月10万円近い家賃が払えますか？　持ち家の人でも同じです。住宅ローンの支払いが終わった人でも、固定資産税の高い地域に住んでいれば、無収入になった時点で、その税金を支払い続けるのは大変です。生活はかなり厳しいという声も聞きます。

「住宅ローン完済」をゴールとせず、「マイホーム完成」をゴールとする人達

「家族の夢を実現するためにマイホームを購入する」「人生の目標としてマイホームを購入する」――マイホームを人生の夢や目標として掲げるのは素晴らしいことだと思います。ただそこで問題なのは、住宅展示場に訪れる人のほとんどが、「ゴールをあまりに手前に設定している」ということです。

つまり「住宅ローンの完済」をゴールとせず、「マイホームの完成」をゴールとしている人が多過ぎるのです。いうまでもなく、「マイホームの完成」はゴールでなく「住宅ローン返済」のスタート地点です。

これまでお話ししてきたとおり、住宅は衝動買いともいうべき「洗脳購入」であることをお忘れなく。人間は自分が「見たいもの・聞きたいこと」しか、見ない・聞かない習性があります。インターネットの検索システムがそのいい例でしょう。これは「確証バイアス」といい、自分に都合のいい情報を結論ありきで集める習性で、インターネットのアルゴリズムなどは、この確証バイアスを上手く利用したものといえるでしょう。

インターネットの検索は膨大なウェブページから、あなたの興味があるものを分析して上位表示してくれます。日常生活も同じです。住宅メーカーを訪れるお客様も、目の前の夢（住宅）に翻弄《ほんろう》され、舞い上がってしまい、「自分の見たい・聞きたい」都合のよい情報しか届かない状態になっています。30年後、35年後というあまりにも具体性の乏しい未来に完済予定などと言われても、ほとんど予想不能の領域なのです。お客様はそんな「見えない未来は考えない」ですし、住宅営業マンもそんな「見えない未来は考えさせない」のです。

住宅営業マンは建物だけでなく土地から探して提案することも多いため、常に「不動産情報誌」などにも目を通しています。そういった情報誌には、もちろん売地だけではなく、売り家も掲載されています。すると、自分が4、5年前に担当した家がすでに売却物件になっていることも少なくありません。

もちろん、いろいろな事情があってのことだとは思いますが、実になんともいえない気分になります。**「一生に一度の大きな買い物」と息巻いて、あれほど時間をかけて打ち合わせをし、こだわった仕様にした住宅が、たった5年で売却されている悲しい現実……。**

あなたは、5年先、10年先の自分を想像することはできますか？　10年先の未来どころか、来年の今頃どうなっているのか不安な人も、実は少なくないのではないでしょうか？

しかし、極端な話ですが、その日食う飯のことを心配している人に、35年先の心配などしている余裕はないのです。

むしろ、10年先や老後などを心配できる人は、余裕のある恵まれた人かもしれません。

そう考えると住宅ローンというのは、5年先の生活も不透明な現代において、35年先を見据えて計画をするという、ある意味で異常な感覚ともいえるのかもしれません。

借入可能額は「収入・健康状態・勤務状況」が35年間継続することが前提の判断

本書でも何度か触れてきた、金融機関の算定による「借入可能額」は、あくまで現在、この瞬間のあなたの「収入・健康状態・勤務状況」が、35年間継続することを前提に算定しています。

35年間の継続……。これ、簡単なことではないですよね。

たとえあなたが変わらないでいられたとしても、世の中は変わります。

もし35年先の未来を想像するのが難しいなら、35年前の過去を振り返ってみましょう。

現在の2020年から単純に35年を引き算してみると、バブル景気に向かう1985年ですね。

一体、この35年間にどれだけ社会や世の中が変化したことでしょう。

１９８５年は翌年から始まる好景気に沸くバブル時代の前の年でした。89年に消費税３％が導入され、そしてバブル崩壊の90年代。山一證券や銀行など、大手企業や金融機関までが倒産した信じられない時代でした。91年には大国ソ連の解体、95年には阪神・淡路大震災、97年には消費税５％引き上げ、２００１年にはアメリカ同時多発テロ、07年には郵政民営化スタート、08年にはリーマン・ブラザースの経営破綻、11年には東日本大震災、14年には消費税が８％に引き上げられ、16年には熊本地震、19年に消費税10％引き上げ、15号・19号と記録的な台風の襲来と甚大な被害の発生、そして２０２０年、今まさに新型コロナウイルスの世界的蔓延《まんえん》により自粛生活が長引き、倒産やリストラが始まっています。

どうでしょうか？　単純に振り返っただけでも、35年間という時代の荒波は確認できると思います。企業の寿命も、昔から「平均30年」といわれています。今はもう少し短くなって、２３・５年程度。いずれにしても皆さんが住宅ローンを組む年数より、企業の平均寿命のほうが短いのですから、すごい話ですよね。消費税もこの35年間で、３％↓５％↓８％↓10％と上がってきて、これだけ社会情勢・世の中も変わってきたんです。私達の生活に影響がないわけがありません。

このように過去を振り返ってみれば「35年の変化」はご理解いただけると思います。むしろ35年間よくも悪くも何も変化せずにいられることのほうが難しいのではないでしょうか。

住宅ローンの4大結末（完済・売却・借換え・死亡）について

住宅ローンの結末はもちろん無事「完済」という王道が望ましいのですが、現実的に絶対そうなるとは限りません。ここでは住宅ローンを組んだ人の「4大結末」についてお話しします。

住宅ローンを組んだ人の結末は、最終的には「①完済、②売却、③借換え、④死亡」の4通りしかないといわれています。

①完済：もちろん、これが一番望ましい王道です。完済……爽快な言葉ですね。多くの人が完済できることを信じて住宅ローンを組んでいます。

②売却：これは「任意売却」と「競売」に分かれます。

「任意売却」は、基本的に売る側の意思で自発的に売却する行為を指します。もちろん「住宅ローンの返済が厳しいから」という理由の人もいれば、「転居しなくてはいけない状況になったから」など、理由はさまざまです。ただ「競売」との明らかな違いは、売り主による自発的な売却なので、市場価格に近い金額で売却できることです。売り値を売り主側で設定できるので、ローンの残債があってもペイできる可能性も高いでしょう。

これに対して「競売」は、住宅ローンの滞納などが理由で、金融機関から裁判所を介し、強制的になされる売却を指します。強制執行なので、売り主側で売り値を決められるはずもなく、その売却金額は市場価格の7割程度の設定が多いようです。そうなると、当然ローンの残債があっても任意売却に比べると残額が発生してしまうケースが多くなります。

つまり、同じ「ローンの返済が困難で、売却したい」場合にも、滞納する前に自発的に売却すれば「任意売却」となり経済的に救われることも多いのですが、悪あがきして家に居座り続け、住宅ローンを滞納してしまう場合は「競売」になり、借入金を一括返済することが難しくなるわけです。

金融機関にもよりますが、一般的に住宅ローンを3カ月滞納したら「競売手続き」に入ります。住宅ローンは住宅という「担保」を押さえられているので、長期間、延滞することはできないのです。借りる時は仏に見えた金融機関の人達も、延滞すれば鬼の形相で、冷徹かつ事務的に「競売手続き」を進めていきます。

③借換え：当初組んだ住宅ローンを別の金融機関に乗り換えて借り換えることです。借換えと同時に金利も組み換えることができるので、借換え前よりもいい条件にするために金融機関ごと変えてしまうことを目的としています。多くの人が、簡単に「借り換えちゃえばいいでしょ」などと言いますが、借換えをするにも条件やタイミングというものがあります。

効果的なタイミングとしては「ローンの残債が1000万円以上あり、ローンの返済期間も残り10年以上ある」段階、と一般的にはいわれています。

ただし、借換えもタダではなく、「諸費用」が数十万円かかることもお忘れなく！現在の住宅ローンの支払いが困難だからと、借換えを検討している人は多いと思いますが、今目の前の支払いに困っている人に、この数十万円の諸費用を支払える余力があるのかどうかがまず疑問です。基本的に借換えをするという行為は、支払いに困っている人の救済ではなく、お金に余裕がある方が「より有利」に借り換えるためのものであるというのが現実なのです。

④死亡：住宅ローンの支払い中に本人が亡くなってしまった時は、住宅ローンの最大の特典でもある「団体信用生命保険」が適用されます。ご存じの方も多いと思いますが、本人が亡くなった時点で住宅ローンは清算され、住宅ローンの支払い義務はなくなります。

皆さんが住宅ローンを組む時には、同時に団体信用生命保険（通称「団信」と呼ばれる）に加入します。住宅金融支援機構の「フラット35」等、一部加入が任意の住宅ローンもありますが、一般的には団体信用生命保険の保険料を年払いするか、金利に上乗せされた形で支払います。

そして、ここが賃貸生活との最大の違いともいえるでしょう。賃貸住宅のほうは、契約者本人が亡くなっても家賃の支払いは続いていきます。家族の誰かが支払いを続けていかないことには、そこに住み続けることはできません。

しかし、**持ち家のほうは団体信用生命保険により、住宅にかかる費用はなくなる**わけです。つまり「死亡」＝「住宅ローン完済」となるわけですね。

不謹慎な表現にはなりますが、これは住宅ローンの大きなメリットであることは間違いありません。住宅メーカーにご来場されたお客様にこの団体信用生命保険の説明をする際に営業マンがよくこんなことを言い、ブラックジョークで商談は弾みます。

「奥様！　ご主人に万が一のことがあっても大丈夫ですよ。この団体信用生命保険がありますから心配ないです。その時点でローンの返済もなくなっちゃいますから」

「そっかあ、自分が死んだら家族に住宅ローンを残さなくていいのか！」と、契約者本人は安心し、隣の奥様はニンマリなんていうのは、定番の光景です。

しかし、あくまで「死んだら」の話です。実際、今の日本の医療水準では病気でも怪我でもそう簡単に死なせてはくれません。**住宅ローン返済中に「生きるか死ぬか」を心配するより、「病気になるか失業するか」の可能性のほうがはるかに高い**ことを忘れてはいけません。即死するより、入院したり治療で通院したりする可能性のほうが高いということです。

病気・失職の「生き地獄」を生き抜く 団体信用生命保険と一般生命保険

入院すれば収入が減る可能性だけでなく、職を失う可能性もあります。しかし住宅ローンの支払いは発生し続ける……。こうなるとまさに「長生き地獄」ですが、実際にそんな状況の人が世の中にたくさんいるのも事実です。

そんな状況に備えるために、「団体信用生命保険」が存在します。それが「三大疾病《しっぺい》保障特約」「失業返済保障」などといわれる特約保障です。

三大疾病保障特約とは「ガン・急性心筋梗塞《しんきんこうそく》・脳卒中」と診断された場合の保障です。失業返済保障とは、半年間などの期間の限定はありますが、失業中に住宅ローンの返済を保障してくれるもの。これらの保険を、団体信用生命保険に追加加入するのが一番理想的な備えといえるでしょう。

もちろん、団体信用生命保険ではない一般の生命保険に加入してもいいでしょうし、「三大疾病保障特約」も「失業返済保障」も単独の保険として付けることもあります。保険商品には多様な種類があるので一概にはいえませんが、ここでは一般論として、住宅ローンの備えとして団体信用生命保険に入ったほうがいいのか、普通の生命保険がいいのかをお話ししてみます。

一つの境界線となるのは、本人の年齢です。ご存じのとおり、保険料は加入する「年齢」でかなり金額が変わってきます。年齢が「35歳」を超えているかどうかが基準線となります。35歳を超えていれば、住宅ローンを組む際には「団体信用生命保険」のほうが保険料は割安になり、35歳より若い人なら普通の生命保険のほうが割安になるといわれています。

ちょうど35歳の境界線の人の場合は、双方の保険を比較してみるのがいいでしょう。ただ、この「三大疾病保障特約」や「失業返済保障」に関しては、ほとんどの人が加入していないのが現実です。

なぜでしょう……。それは「団体信用生命保険」を説明する際、住宅メーカーの人間があえてスルーしていることに大きな原因があります。

それもそのはず。特約というものは、これから住宅ローンを組もうとする人に説明することですが、これを説明することでお客様の不安が増幅しかねないからです。「お客様の将来のリスクを説明→お客様の不安が倍増→特約に加入すれば保険料も増す→毎月のローン返済額が増える→住宅にかける予算の見直し」という、売る側である住宅メーカーにとっては、お客様の購入意欲を阻害しかねない負のサイクルを生み出す厄介な存在なのです。

そういう意味では、この「死亡」という結末においては、特に注意が必要といえます。住宅ローンを組んでいる最中は「生きるか死ぬか」という結論だけを考えるのではなく、

「死ぬ」までの過程として、「病気」「失職」などさまざまな状況で住宅ローンの支払いが困難になるかもしれないという想像力をもって、団体信用生命保険のことも検討しなくてはならないでしょう。

見積もり資金計画でもスルーされる「固定資産税」の落とし穴

「固定資産税」は、実際に支払ったことのある人にしかピンとこない税金かもしれません。中には新築に住み始め、税務署から通知が来て、初めてその金額にビックリしたなんていう人もいます。そもそもこの「固定資産税」とはなんなのかを説明しておきましょう。

固定資産税とは、土地や家屋の所有にかかる地方税で、所有している限り永遠に支払い続けなくてはいけない税金のことです。ですから住宅ローンを返済している人は、「住宅ローン＋固定資産税」を計算しなくてはなりません。いつか住宅ローンは返済し終えますが、その後もこの固定資産税だけは支払い続けることになるからです。

さて、この固定資産税の額は誰が決めているのかというと、各市町村の資産税課などが現地に赴き「評価額」を出して計算されています。新築の場合だと、建てて半年以内に役所の人間が家を見にきて、評価額を決定します。これは意外と簡単な計算なんです。固定資産税＝「評価額×１・４％」ですぐに出ますから。

「評価額が分からない」という方も、購入金額の70％で見ておけば、当初の固定資産税の目安にはなるでしょう。例をご紹介しておきましょう。

〈住宅の購入金額（契約金額）が３０００万円の場合〉

建物の「評価額」＝３０００万円×70％＝２１００万円

建物の「固定資産税」＝２１００万円×１・４％＝29万４０００円／年

この場合、固定資産税の目安は年間で29万４０００円。毎月２万４５００円となります。ただし建物の評価は年々下がっていくので、固定資産税額もだんだん低くなっていきます。

実際には、さらにこれにプラスして土地の固定資産税もかかります。基本的に計算は同じで、評価額に１・４％をかける計算です。だけど安心してください。土地の固定資産税はそこに建物が建っている限り「優遇措置」があり、本来の固定資産税額の１／６になるため、かなり軽減されるからです。

この**「固定資産税」は住宅を購入した以上、必ず発生する出費です。ところが、どこの住宅メーカーの見積書にも記載されることがほとんどない**のです。理由としては、固定資産税額の計算の基となる「評価額」は、建物が完成した後に役所から判断が出されるからだと思います。建てる前には住宅メーカー側も、その金額を断定することはできないからです。とはいえ、間違いなく発生する費用ですから、目安としてある程度の金額は提示してくれたほうが、本当は親切なはずです。でも、もうお分かりですよね……。住宅メーカーがそんな未確定で余計な数字を、見積書に計上するわけがありません。「固定資産税は役所の判断なので分かりません、建てた後に役所に聞いてください」といったところでしょう。

住宅メーカーの打ち合わせで、建てた後の固定資産税の話などは出てきません。「固定資産税の計算なんか分からない」という営業マンも大勢います。

でも、完成するまで少しも話にも出てこなかったこの「固定資産税」が、将来的に意外と痛い出費になることは間違いありません。

それはそうでしょう。住宅ローンの毎月の返済額が1万円違えば相当の差になるのに、1年間を4期に分けた支払いとはいえ、月当たりに計算すると1万、2万円を超える金額が新たに発生するわけですから。住宅ローンの毎月の支払い上限を決めたうえで、綿密に住宅メーカーで資金計画を練ってもらっても、この固定資産税の存在が抜けていれば、想定以上の毎月の出費を抱えることになります。

「住んでビックリ！」「聞いてないよ！」なんていうことにならないように、ある程度、自分自身で計算しておきましょう。いや、しておくべきです。

住宅は住めば必ず劣化する！「メンテナンス・修繕費」も忘れずに！

「住宅を購入したら、あとは住宅ローンを払っていくだけ」などと思っていたら大間違いです。新築から10年くらいなら、どんな家もそんなにお金をかける事態は発生しないでしょう。日本の住宅は性能や品質基準が高く、建物の本体部分（基礎や柱や屋根）に即座に問題が生じることはほとんどありません。

問題が生じてくるのは、たいてい10年後くらいから。特に住宅設備関係といわれる給湯器やガス台、ＩＨなどのキッチン、トイレ、お風呂などの水回り。あとは新築に合わせて買った電化製品（エアコンやテレビ、冷蔵庫や洗濯機など）の故障や不具合なんかもチラホラ現れてきます。

電気製品は当たり外れもありますが、ひどい時だとすべてが同時期に壊れるなんていうこともあります。住宅設備のメーカー保証は大体「10年」のものが多く、10年過ぎた製品は有料修理か、買い換えになります。不具合や故障は、保証が切れた頃にやってくるものなのです。

もちろん、どの住宅メーカーにも必ず「保証」が付いてきます。今は住宅も購入してから「10年間は瑕疵《かし》担保責任を負う」ものとして法律で定められています。ただしなんでも保証してくれるわけではなく、柱や梁《はり》などの住宅の基本構造の部分、主要駆体のみが対象となります。どちらかというと建物の見えない部分ですね。この保証期間も住宅メーカーによってさまざまで、10年保証のところもあれば、20年保証、30年保証を付けているメーカーもあります。私の知っている限りでは、最長60年保証なんていう住宅メーカーもあります。「はたしてその頃まで、その住宅メーカーが存在しているのか」という印象もなきにしもあらずですが……。

マンション購入の場合は「修繕積立金」を納めることが多いのですが、一戸建ての場合は、住宅ローンを返済しながら計画的に修繕積立までしている人は少ないのではないでしょうか。やっと住宅ローンを払い終わると思ったら、今度は「リフォームローン」を組まざるを得ないなんていう話もよく聞きます。

新しい家に住み始めても、15年、20年が過ぎる頃には、家のポストに怪しげなリフォーム業者のチラシがたくさん入るようになってきます。飛び込みでやってくる業者もいるでしょう。

リフォーム業界は、新築の「待ちの営業」と違い「攻めの営業」です。住宅の「痛み具合」を見て、それをあなたに指摘することから始まります。いきなり訪問してくるシロアリ業社は「床下にもぐらせてください」と言ってくるでしょうし、屋根業社は「屋根に登らせてください」と言うかもしれません。

昔、私が子供だった頃、屋根業社を名乗る2人組のおっちゃんが家にやってきたことがあります。「瓦がズレているから修理させてくれ」と。その言葉に促され依頼してしまったのですが、工事当日には、当然材料を準備してくるのかと思いきや、なんとほぼ手ぶら。その都度必要なものを近所のホームセンターに調達しに行くんです。おまけに材料調達の度に、「材料買ってくるからお金ください」と私の親に言う、なんとも怪しさ満点です。

今なら考えられない話ですが、当時の私も子供心に「怪しいおじさん達」という強烈な違和感を抱きました。

もちろん、飛び込み業社の全部が全部、悪徳ではないにせよ、新築業界に比べてリフォーム業界の闇はさらに深いので、注意が必要です。

建物本体で最低限のお手入れが必要なのは「塗装」です。住宅の「外壁と屋根」ですね。外壁がタイル張りだったり屋根が瓦であれば必要ありませんが、外壁が一般的なサイディングであったり、屋根がスレートやコロニアルと呼ばれる屋根材の場合は定期的な塗装が必要でしょう。

これは美観の問題だけではなく「防水」の面でもとても重要なのです。色は落ちていなくても、防水能力は確実に低下しているからです。外壁と屋根は日光の紫外線や雨風が直接当たる場所で劣化が早いため、どうしても仕方のないことです。外壁や屋根の防水能力が低下すれば、建物全体を傷めてしまい、建物の寿命を削ることにもなりかねません。

販売の時、20年先のことなどに責任を持たない新築営業マンはこう言います。「今の外壁は昔と違って性能がよくなっていますから、外壁の塗り替えなんて20年以上先でも大丈夫ですよー」。かくいう私も言っていました。

しかし、残念なことにこれは事実ではありません。外壁の厚みはたしかに昔より厚くなってはいますが、防水塗装は必要以上に厚塗りはできませんし、所詮は太陽や風などの自然の力にはかないません。

住宅の塗装は今でも「10年一塗り」などといわれています。10年に1回は難しいにせよ、やはり15年、20年に一度は最低でも塗装が必要です。放っておくと劣化が進み過ぎて、塗装などでは間に合わず、外壁や屋根も張り替えという、それこそ莫大な金額がかかることもあります。ですから塗装工事は別名「防水工事」とも呼ばれるのです。

世の中の7割が知らない「火災保険」は火事だけが対象ではない事実

皆さんが住宅を新築して購入した時には、必ず「火災保険」に加入します。せっかく新しいマイホームを手に入れたのに、万が一にも火事などに遭《あ》ってしまったら大変なことですからね。この時加入する火災保険は、20年一括や30年一括といった、長期一括払いするのが普通です。

この火災保険料は、ローンに組み込み並行してバタバタと加入している人も多いので、「どこの保険会社」で「どんな補償内容か」など細かく認識していない人も少なくありません。

火災保険は長期一括で割安に加入しているとはいえ、50万円前後というそれなりの金額を支払っています。しかし、ほとんどの人はローン完済まで「火災」など発生することなく「何事もなくてよかったね」と、支払った分の火災保険を一切使わずに終わるわけですね。

もちろん、火事など起こらず、平穏に生活できたのだからそれでよしとする考えもあるでしょう。ただ「保険はお守り」などという言葉は、保険会社のためにあるものです。保険会社からすれば「保険料だけ支払い、請求しないでくれてありがとう」というようなものです。

しかし、実は火災保険の証券や約款《やっかん》をじっくり読んでみると、火事だけでなく「雪災や風災」なども含めて補償されている内容のものがほとんどです。一般的には、どうしても「火災」の印象が強く、それ以外にも適用されるという事実を知らない人も多いのですが、地域によっては雪や台風で住宅に被害を受けることもあるでしょう。その場合は「雪災・風災」の補償が下りるかもしれません。具体的には、「雨樋の歪《ゆが》みや脱落、破損・屋根の瓦のズレや棟板金《むねばんきん》の破損」などが挙げられるでしょう。

記憶に新しいところでは、２０１９年の大型台風15号・19号による被害があります。台風の強風で屋根の棟板金が飛んでしまったり、雨樋が外れてしまったりした家がたくさんありました。では、その補修や取り替えはどうしたかというと……、**驚くべきことに、火**

災保険に入っているにもかかわらず、ほとんどの人が「実費」で補修工事をしているので**す。なぜでしょう？　それは多くの人が、自身が加入している火災保険の補償内容を把握****していない**ことに理由があります。

たしかに、あんなに小さな字で細かく書かれている保険の「約款」や補償内容なんて読む気がしないかもしれません。住宅ローンを組む時のどさくさに紛れて、加入した火災保険の内容など覚えていないかもしれません。

保険会社も、保険料は自動引き落とするのに、災害の度にいちいち個別に「これは保険が適用されますよ」などと電話をかけてきて教えてはくれません。

いわば補助金などと同様に、こちらから申請をしなければ、保険会社は保険金を支払ってはくれないのです。

「そうはいっても、仮に申請したって大した金額は出ないでしょう？」なんて思っている人も多いかもしれませんが、実はこの火災保険、雪災・風災の申請では、きちんとした根拠を示せば、驚くほどの金額が保険会社から支払われます。

もちろん保険会社やその損傷程度にもよりますが、たとえば雨樋の打ち替え工事（新しいものに全部打ち替える工事）の場合は、通常50万〜100万円という金額が支払われます。

ちなみに、雨樋の打ち替え工事ごとに「そんなにお金がかかるの？」と驚かれる方もいるかもしれませんが、工事費用の内訳を見ると、実に1／3～半分は「足場代」で占められています。少し建築に詳しい方ならピンとくるかと思いますが、材料や職人の手間代以上に「足場」の設置というのはお金がかかるものなのです。足場がなくては作業ができない工事の場合は、保険会社はこの足場代も支払ってくれるのです。たかが雨樋の打ち替え工事に100万円などを出してくれるのは、この足場代にお金がかかることを保険会社もよく分かっているからです。

実はこの「足場代」が含まれる雨樋工事に関しては、とてもお得な裏技もあるんです。雨樋等が長年の劣化の積み重ねで弱っており、そこに台風などが来て壊れてしまった。つまり、それくらい一定期間修繕していなかった証《あかし》でもあります。ということは、雨樋以外にも「塗装」などしなくてはならない時期にちょうど来ているということです。修繕しなくてはならない箇所は同じような時期にやってくるものですから。そして、塗装工事にも当然足場は必要です。そしてこの塗装も、見積書を見てもらえば分かるように、その費用の半分近くが「足場代」となっています。

もうピンときた方もいるのではないかと思いますが……そうです！　**火災保険の自然災害で雨樋工事に使う足場代を申請し、その足場を利用して塗装工事も同時にやってしまえ**

ば、こんなにお得な話はありません。つまり、塗装工事の半分近くを占める「足場代」を、火災保険で浮かすことができてしまうわけですね。

ちなみに、この逆はダメですよ、塗装は火災保険の対象ではありませんから。あくまで、「雨樋工事の保険申請」で足場代を捻出すること。たしかに雨樋工事の足場と塗装工事の足場のかけ方は少し違うので、多少変える部分が出てくることもありますが、さほどの問題ではありません。

と、こんな話をすると、生真面目な方からは「そんな、自然災害を利用するなんてどうなの……」という声も聞こえてきそうなので、念のため申し上げておきましょう。まず、自然災害の火災保険申請というのは、申請時にきちんと「何年何月何日の雪（台風）が原因で、どんな被害状況か」を申告します。

では、通常時、あなたがご自分の家の雨樋や屋根が損傷しているのに気づいた時、その損傷が「何年何月何日の何に起因した損傷なのか」なんて分かりますか？　ほとんどの場合、後から気づくものですし、近所の人から教えてもらって気づいたなんていうことも多いでしょう。

つまり、保険会社が聞いてくる「災害日時」自体が現実的ではないのです。逆にその災害日時を保険会社がなぜ確認するかというと、ズバリ「過去の気象庁のデータ」と照らし合わせるからです。「何年何月何日に○○市（町村）では○○センチの降雪」と、気象庁の記録と申請者の被害日時が合っているかを確認して、災害を認定するのです。

ならば**保険申請者である我々もこれを逆手に取り、この気象庁のデータを見て、直近の災害日時を確認して申請すればいい**だけの話です。ちなみに、気象庁のデータなどはネットに載っています。誰でも簡単に全国の過去の記録を確認できます。具体的な被害状況は写真を基に保険会社が確認しますが、雨樋の損傷として一般的に認められる「歪み・勾配不良」なども、正直なところ、雪や台風などの自然災害によるものなのか、それとも日頃の日光の熱や経年による劣化なのか、正しい判定はできません。

実際に、私も保険会社の鑑定士に聞いてみたことがあります。「自然災害判定をするための基準は、何かあるんですか？」と。鑑定士はこう言います。

「特に明確な基準というのはないんです。あくまで傾向としての判断ですね」

つまり、判定は鑑定士の「主観」によるものなんです。

一つ例をご紹介しましょう。あるお客様に外壁塗装を含む大型リフォーム工事をご提案している時のことでした。雨樋だけは保険申請でいけると思えたので、自然災害で保険申請をしたのですが、保険会社の鑑定士が実際の雨樋の損傷を査定したところ、結果はまさかの「ゼロ判定」になってしまいました。つまり、「1円も保険金は出ません」という内容です。たしかに、損傷事態、微妙といえば微妙なレベルではあったのですが……。

ところが私は納得しても、お客様は納得できません。「10年以上高い保険料を支払っているのに、ゼロはないだろ！　ゼロは！」と怒り心頭です。

その勢いでお客様は、鑑定士を変えての「再鑑定」を依頼しました。すると新しく来た鑑定士の結果は……。

「あれっ⁉　まさかいきなりの50万円認定！」

あの最初の判定は、一体なんだったのか？　つまり……そんなものなんです。

ただし、明らかな自然災害ではないのに、虚偽の申告による保険申請はダメですよ、詐欺になりますからね！　保険申請にあたっては、専門の調査士や団体があるので、そういったところに依頼してみるのもいいかもしれません。

マイホームという「夢」から、毎月の支払いという「現実」に向き合う瞬間

「マイホーム」という大きな夢を叶えるために、日々、たくさんの人々が訪れる住宅展示場。しかし、商談テーブルにつかされた形のお客様は、住宅メーカーの営業マンが描

く絵に誘導されて、計画を先へ先へと進められていきます。

住宅とは本当に特殊な買い物です。現物もない商品を、変動金利なら支払う金額も定まっていない商品を、それこそ30年以上もかけて支払っていく買い物なのですから、ある意味、正気の沙汰ではありません。住宅の打ち合わせは、すべてが「想像と予想」を基に進められていくのです。

マイホームという夢を形にするために、住宅メーカーで時間を費やすこと数カ月。ついにその夢が形になった瞬間は、誰もが幸福感に満たされることでしょう。身の回りにあるものすべてが新しく、最新の設備。物理的にも幸福感のピークといえます。

しかし、残念なことに、この「幸福感」は続かないのです。すでに住宅を購入して数年経過した方ならお分かりでしょうが、そんな夢のマイホームに感激していられるのは、いいところ3年といったところでしょうか。これは住宅に限った話ではない「人間の特性」ともいえる悲しい性なのです。ここで幸福論に言及するつもりはありませんが、どんなに大きな夢を実現しても、人は皆その幸福感に「慣れ」てしまうからです。

人の「幸福感」は持続しないもの……。どんなにこだわってつくり上げた住宅の間取りや仕様も、日常の風景となるのにそう時間はかかりません。それどころか、住宅も設備も、日を追うごとに古くなっていくのです。

つまり、住宅は購入した時がピークで、あとは物質的にも精神的にも「下降」していくのが宿命。そして、残るのは毎月の支払いばかりという「現実」です。これが、身の丈に合った支払い計画で手に入れた夢の城ならまだ大丈夫です。しかし、「こんな素敵な家に住めるなら、多少無理してでも頑張れる」「住宅ローンという借金を背負ったほうが、仕事の頑張りが利く」などという「名言」で組んだローンは、時間の経過と共に「負担」へと変わっていくこともあります。

よく考えてみてください、その頑張れる原動力は「新築の感激」という感情が後押しして発動されるもの。夢のマイホームが日常の風景と化した時、後に残されるのは、毎月訪れる住宅ローンの返済です。極端な話、こうなると賃貸住宅で支払う家賃と、感覚的にはほとんど同じといえるでしょう。

不思議に思いませんか？　新築したばかりの初回の住宅ローン支払い時点で「厳しい」と嘆いているのを私は聞いたことがありません。しかし、返済を始めて数年経ってくると、その負担感を口にする人は増えてきます。

これはまさしく「新築の感激」という夢の世界から、先の長い住宅ローンの支払いという現実へ、我が身が引き戻されたということです。経験者ならお分かりだと思いますが、ここはとても大事なことなのでもう一度言います。

マイホームを手に入れて、感動的に生活できるのはほんのひと時です。そこから先は、ただただ長く続く住宅ローンの支払いという現実が待っていることを、忘れてはなりません……。

30年先のあなたのことなど、住宅メーカーも金融機関も知ったこっちゃない

本書で繰り返しお話ししてきたとおり、住宅メーカーや金融機関は、あなたの未来に対して責任を取る必要のない仕事です。すべてはあなたとの合意のうえで完了する契約、その後の返済はすべて自己責任という大きな買い物です。

「そんな無責任に住宅ローンを組ませておいて、いざ客が返済不能になって困るのは金融機関のほうでは？」とお思いかもしれませんが、そこは金融機関も抜け目がありません。

住宅ローンの返済が完了するまで、お客様の土地・建物は、債権保全のため、抵当権（担保）が設定されており、支払い不能の時には土地も建物も売却されます。たしかに競売で売却しても資産価値は下がっているため、金融機関にとってはもちろんマイナスです。ただ売却は最終手段であり、そこに至るまでは多くの人が「悪あがき」してくれます。

人の生活には「優先順位」があり、それは支払いについても同様です。経済状況が困窮した場合でも、多くの人は住宅ローンを優先して支払います。仮にクレジットカードの支払いが遅れても、遅延利息が付く程度で、すぐに生活を脅《おびや》かされる心配はありません。それに対して住宅ローンの遅れは、利息云々の問題ではない深刻な事態を引き起こします。それこそ3カ月も滞納すれば、競売の通告が出されてしまいますからね。たいていの人にとって、住宅ローンの支払いは最優先されるということを十分に分かったうえで、金融機関も住宅ローンを貸し付けているのです。

どれだけ人は「住宅の維持」に重きを置いているのか？

たとえば、住宅購入後に住宅ローン以外の借金で多重債務に陥ったとします。弁護士を入れて債務整理をする時、生活が破綻寸前の人ですら「住宅」は最後まで守ろうとします。借金で首が回らなくなり、弁護士に債務整理を依頼する場合にも、いろいろな方法があります。利息を減免してもらい、支払いを継続する「任意整理」ならともかく、「破産宣告」になれば自宅や車など「資産」となるものはすべて処分しなくてはなりません。そんな中でも、人は「住宅」だけは維持したくて、「個人再生」手続き等の破産の一歩手前の方法を選ぶわけです。

ちなみに、この「個人再生」であれば手続き上は破産と同様に裁判所に申し立てするものの、借金の支払いの継続を前提に住宅は維持できるため、住宅の維持にこだわる債務者に、弁護士が推奨する債務整理の代表格といえます。

とにかく、最後まで支払いを頑張れる「住宅ローン」。多くの人にとって最後の砦《とりで》ともなる「住宅」は、金融機関にとって最高の債権保全であることは間違いありません。

定番！ 不確実な「ボーナス併用」でローンを組み、返済不能に陥る人

定番ではありますが、**住宅ローンを「ボーナス併用」で組んだ方の悲惨な末路の事例は枚挙に暇《いとま》がありません。** 特に大手住宅メーカーの高額物件の場合、ボーナス併用でないと毎月の返済額が抑えられないため、やむなく併用している方も多いかもしれません。「ボーナス併用」とは、ボーナスが出る月には、毎月の返済額に加算した返済額を支払う仕組みです。つまり、その月だけは「毎月の返済額＋ボーナス払いの返済額」の総額になるということです。

ただ、このボーナス併用が原因で、返済の歯車が狂ってきてしまうことが往々にしてあるのです。公務員や大手の優良企業勤務の方は、そんな心配はないよとおっしゃるか

もしれません。ただ「ボーナス払い」の場合は、通常、ボーナス1回分の支払額が毎月の返済額よりかなり高めに設定されています。そうなると支払額が大きい分、もし「ボーナスが出なかった」などの事態が発生すると、その「遅延」の破壊力は凄まじく、返済を通常に戻すのは至難の業《わざ》となります。

過去に、私のお客様でも実際にあった話です。ボーナス払いの月に「毎月の返済額＋ボーナス払いの返済額」のダブルで引き落としがかかったのですが、なぜかお客様から金融機関ではなく私に連絡が入り、悲痛な声でこう言うのです。

「ボーナス払いの月はボーナス払いだけで、まさか毎月の返済額とダブルで支払うことになるとは思わなかった！」

こんな人は少数派だとは思いますが、この勘違いはかなり致命的です。もちろん金融機関も、住宅ローン申込み時にそこはきちんと説明していたのでしょうが、思い込みとは怖いものです。そんな勘違いをしたまま35年の契《ちぎ》りを交わしてしまったら、もう後の祭りです。

とにかく住宅ローン完済まではこの「ボーナス併用」支払いを継続するしかありません。昔のように終身雇用の年功序列が当然だった時代には、ボーナスも基本給の一部という認識で、特に差し障《さわ》りはなかったかもしれません。しかし、実績評価にシフトしつつある現代で、ボーナスの安定性は保証されるものではありません。

こういった時代背景から、近年では「ボーナス併用」を組まれるお客様も減少傾向にはあります。でも、「やめておいたほうがいい」と助言されてもなお「ボーナス併用」で住宅ローンを組み、心配していたとおりボーナス不支給や減給が起こり、ボーナス払いにつまずく……という、ベタな理由の住宅ローン破綻を起こす人が、いまだに後を絶たないのは残念な話ではあります。

年収1000万円で住宅ローン破綻する人、年収300万円でも完済できる人

「より多くの財貨を持ちたいという欲望は、いっそう多くの支出をしたい衝動に駆り立てる」

これはアメリカの経済学者、デューゼンベリーの名言です。人の生活レベルとは実に面白いもので、必ずしも高収入だから生活に余裕があるとは限りません。収入が高くても毎月の生活がカツカツな人もいれば、収入が低くても比較的余裕のある生活をしている人もいます。

これは実に単純な話で、生活の「支出」が「収入」を上回っていないかどうかの差でしかありません。ではなぜ、収入がある人がそれ以上の借金をしてしまうことがあるのでしょう？

答えは簡単です。収入の高い人には、周りも安心してお金を貸してくれるからです。これはもちろん、住宅ローンを組んでいる人にも同じことがいえます。

皆さんが住宅ローンの審査を受ける時、既存のクレジットカードや車のローンの残債等、その他の借金が審査上問題となるのはお話ししてきたとおりですが、逆に住宅ローンを組んだ後のクレジットカードやその他ローンの審査はどうなると思いますか？

実は**クレジットカード等の審査では、住宅ローンの残債は問題視されないのです。むしろカード会社からすれば、住宅ローンを組んでいる人というのは、すでに金融機関からお墨付きをもらっているようなものなので、「厳しい審査を通過した人」「賃貸の人と比べて転居の可能性も低い」ということで、賃貸生活者よりも審査上有利となる**のです。

住宅ローンという莫大な借金を抱えたのに、住宅ローンを組む前よりもお金が借りやすくなるなんて、実に不思議な話ですよね。つまり、住宅を購入したことで、さらに個人の信用は上がり、小口のお金が借りやすくなるのです。どんなに多額の住宅ローン残債があったとしても、カード会社等は年収の高い人にはさらにお金を貸し付けるというわけです。

この不思議な仕組みの結果、実は住宅購入後にカード破産をする人も少なくないのです。**比較的高収入の世帯が、住宅の購入をきっかけにさらに生活レベルを上げ、「車・教育・遊興費」と見栄を張った末に破綻する人も大勢います。**

ここでポイントとなるキーワードが、「見栄」です。住宅を購入する人の動機にも、少なからずこの「見栄」は含まれています。特に最近は、ＳＮＳ上での見栄の張り合いが住宅購入者にも見受けられる傾向があります。プライベートの充実をアピールする「キラキラ女子」なんていう言葉を耳にすることがありますが、住宅購入者でもマイホームを手に入れたご家族が「キラキラ家族」となり、過剰に自分達をアピールする風景を目にすることがあります。しかも、傍目《はため》には誰もが羨《うらや》む裕福なファミリーに見えても、その内情は火の車なんてことも……。

プライドは生きていくうえでの原動力になります。プライドと見栄の境界線は難しいところですが、プライドが外的アピールに暴走した結果、「見栄」に変貌を遂げるものなのかと思えなくもありません。

ただ、必死になって充実感をアピールしている人には申し訳ないのですが、所詮、人は皆「他人の不幸は蜜の味」で、他人の不幸に興味はそそられても他人の幸せには興味がないのが現実です。

私が担当した住宅購入者を3年後に訪問してみると、新築を引き渡した時にはなかった豪華なカーポートに新車が2台……という光景を目にすることがあります。住宅ローンも無事借りられたし、安心して他のローンが組めたということころでしょうか。

生活してみたら意外と草むしりが大変だったのが分かったのか、当初は家庭菜園を予定していたはずの庭には土間コンクリートが敷かれている、なんてこともよくあります。

カーポートに土間コンクリート……、これだけの外構工事なら200万円以上かかっていることは明らかです。住宅の契約時、契約金（内金）として10万円用意するのに四苦八苦していたお客様ですから、おそらくこれらにかかった費用も……ローンでしょう。

そしてさらに3年後……、手塩にかけたあのこだわりの住宅は、不動産情報誌に中古物件として「Now on Sale!」とされていました。あのご家族は一体今、どこへ行かれてしまったのでしょうか……。

このように、住宅ローン破綻する人に共通しているキーワードは、やはり「見栄」なのです。「金はあっても貯金はない」なんていう言葉がありますが、それならまだマシなほうです。「見栄という病」に取り憑《つ》かれた人間は、消費という無間《むけん》地獄に陥り身を滅ぼしかねないということを、くれぐれも肝に銘じておいたほうがいいでしょう。

一般的な認識として、「金持ち＝贅沢《ぜいたく》で裕福な暮らしをしている」というイメージがあるかもしれませんが、私の見てきた現実はそうとも限りません。**消費者金融に従事していた頃に見かけた「借金を抱えた人達」の多くは、むしろ普通の人より生活レベルが高く、身に着けているものや乗っている車も上等なものばかりでした。ローンで買った６００万円以上する大きな車で乗り付け、消費者金融でお金を借りて帰るのですから凄まじい話ですよね。**

奥様との「収入合算」で借入れした世帯。合算収入が入ってこなくなった時

住宅ローンの審査で、ご主人の年収単体では借入れ希望金額に満たない場合、夫婦で「収入合算」という申込みがあります。この収入合算は共働きのご夫婦がよくされる申込み方法で、決して珍しいことではありません。奥様がパート勤務だとしても、夫婦二人分を合算すれば世帯収入でそこそこの金額になるので、金融機関もこれを勧めてきます。

ただ、これもまた意地悪な言い方になりますが、あくまで「30年、35年と奥様が働き続けること」が前提になっています。住宅ローンを組まれる方で比較的多いのが、申込み時

点でのご本人の年齢が若く、お子様もおらず、共働きしているご夫婦です。つまり二人の給与を合算すれば、住宅ローンも可能です。

しかし、そんな一時的な状況を見て30年以上のローンを組ませてしまうのですから、お金を貸す側の単純な「審査上の数字合わせ」でしかないのはお分かりだと思います。ご主人はリストラにでもならない限り働き続けるとしても、奥様はお子さんができれば育児に時間を取られ、休職か退職を余儀なくされることでしょう。

子供ができれば、次に考えなくてはならないのが学費です。小中高は公立に通わせるにしても、大学で私立に進めばかなりの学費がかかります。専門学校だって結構な費用です。そこで「子供の学費は奨学金を借りれば？」と、簡単におっしゃる人もいますが、これはこれでまた考えもの。

「もう大人なんだから大学の支払いは頑張って」と、突き放された子供達には「奨学金破産」などという末路も待っている時代です。２０２０年、地方から上京した学生達は、新型コロナウイルスの影響で生活費を稼ぐためのバイトも自粛となり、苦しい生活を強《し》いられているケースも多いのではないでしょうか。

経験された方はよくご存じかと思いますが、子供を大学や専門学校に通わせている期間は、共働きで必死に働いてもキツいものです。「住宅ローン返済」に加え「学費・部屋代・生活費」と、恐ろしいくらい金銭的にキツい時期を過ごすこととなります……。

このように、考えたくもない将来の不安というのは止めどなく出てくるので、すべての不安要素を羅列してもキリがありませんが、ただ夫婦の収入合算をあてに借入れをした場合、将来的に1人分の収入が丸々減った時の家計逼迫《ひっぱく》度は、皆さんが考えている以上に大きなものだということは覚えておいてください。

実際にこういうことがきっかけで、住宅ローン返済の歯車が狂ってくることが多いのです。審査を通すための、あるいはより多く借りたいがための「収入合算」はまさしく机上の空論。現実的ではないのです。

住宅営業マンが垣間見た、マイホームを手にした人々の「光と影」

お客様が住宅を購入された後も、住宅メーカーは定期点検と称して、3年、5年、10年という長い期間、お客様とお付き合いをします。金融機関が毎月口座から自動的に住宅ローンを引き落とすだけの関係とは、大きな違いです。

ご自宅を訪問し、お客様のその後の生活状態をも垣間見る機会が多い住宅営業マン……。そんな私達は、あれほど熱心に時間をかけてつくり上げたマイホームが、時として無残な姿に変貌を遂げている様子を目《ま》の当たりにすることもあります。

【数年でゴミ屋敷と化し、点検でも家に人を上げたがらないお客様】

人の性分というものは、たとえ夢のマイホームを手に入れても変わるものではありません。感激が日常に変わる頃には、とっくに「素の生活」に戻っているようです。3年目の定期点検まではにこやかに家に上げてくれ、家中の点検に応じてくれたお客様も、5年目になると、玄関から出てくるとすぐさま玄関扉を閉め「とりあえず今回は外回りだけの点検で……」と、頑なに家の中に入れることを拒否するのです。つまり「ゴミ屋敷化」してしまっている家の中を見られたくないのです。

たいてい、そういう家は中に入るまでもなく分かるものです。まずリビングのカーテンは日中でも閉めたままです。部屋の中にあるゴミに押されて、カーテンの裾の部分がモッコリ膨らんでいることもあります。外にゴミを出さず、家の中に溜め込んでいる様子は察しがつくものです。新築の打ち合わせ当時、「やっぱり客間に和室は必須だよね」などとご夫婦満場一致で決めたこだわりの和室の障子が、無残に破れたままなんていうこともありました。

契約前は、あれほど「やっぱりアフターケア・メンテナンスのしっかりした住宅メーカーでないと信用できない！」と言っていたはずなのに、こうなってしまってはアフターケアやメンテナンスも、招かれざる客です。外回りの点検が終わり声をかければ、お客様は玄関から顔だけ出して「はい、ご苦労様」と言って、あとは玄関をピシッと閉めて終わりです。

そもそもゴミ屋敷化するお客様というのは、本来がそういう性分だったのであり、新築で感情を揺さぶられていた数年間だけ、たまたま「整理整頓」の奇跡を起こしていただけの話なのです。

【夢の家庭菜園、そこにはどう見ても食べられそうにない草ばかり】

住宅購入時、お客様は庭や外回りも想像を膨らまして計画されます。せっかくの庭付き一戸建てを買うのです。「ガーデニングや家庭菜園、可愛い花壇」と外回りにもいろいろな計画をして楽しみます。

数年後の定期訪問では実にさまざまな庭園を目にします。年月をかけて素晴らしい庭に仕上がっている家もあれば、芸術的観点で見れば「滅びゆくものの魅力」とでも言うべきか、退廃美を彷彿《ほうふつ》とさせる雑草だらけの朽ち果てた庭に変貌している家もあります。

新築当初に、必要以上に広くガーデニング・家庭菜園スペースを取り過ぎ、手入れする気力のなくなった今、その家庭菜園コーナーは謎の植物で埋め尽くされている……なんていうこともよくある光景です。

住宅業界では、その家の庭の状態を見れば、住んでいる人の生活状態が分かるということがいわれています。基本的に、庭の手入れがゆきとどいている家の住人は、生活にもゆとりがある場合が多いようです。庭が荒れている家は、住んでいる人の精神状態の反映なんていうこともよくいわれます。そのためリフォーム業者や訪問販売の営業マンも「荒れた庭の家は客にならない」というイメージを持っています。

もし、これからマイホームを建築する人で、あまり土いじりが得意じゃないのなら、ガーデニングなんて大きなことは考えず、老後の盆栽スペースくらいにしておきましょう。

【よくある妄想、バルコニーでバーベキュー】

住宅の打ち合わせ中によく出てくるのが、「バルコニーやベランダで、バーベキューもしたい」と必要以上に広いバルコニースペースなどを要望されることです。家族揃ってバーベキューをするとなれば、それなりのスペースが必要となるのは分かります。

もちろん「夢の一戸建て」です。茶々を入れるつもりはないのですが……結論を言えば、「まぁ〜ず、やっている人はいません！」。最初の頃に一度や二度はあり得るかもしれませんが、頻繁に行うことは考えにくいですし、私自身そういう光景を見たことがありません。

庭先ならまだしも、あえてのバルコニー。しかも住宅街の一軒家のバルコニーですよ。バーベキューをやっている人、実際に見たことありますか？　頭の中のイメージとして「家族でバーベキュー」の妄想は誰もがするものですが、実際に生活を始めてみればそこは閉鎖的な日本人、なんとなく気恥ずかしいのと周りにそんなことをやっている家庭がないのに気づき、躊躇する人も多いはずです。

むしろ、夜な夜なバルコニーでバーベキューをしている人がいたら、近所でも評判の変わった人……という印象を持たれかねないのが、ここ日本という国です。しかも、無駄に広く取り過ぎたバルコニーは、結局のところ置き場に困った粗大ゴミやダンボール、ゴミの日に出し忘れたペットボトルや空き缶などのゴミ置き場として、有効活用（？）されていくのが関の山です。あこがれのバルコニーの、色褪《あ》せた無残な姿が残るばかりなのです。

あなたは80歳まで、住宅ローンを払い続ける未来を想像できますか？

住宅ローンの完済年齢の上限は、金融機関にもよりますが、大体75歳から80歳までと決められています。

皆さんは自分が75歳、80歳になった時、まだ住宅ローンを支払っている姿を想像できますか？　今と同じ収入を確保し続けられていると思いますか？　健康状態も今のまま維持できているでしょうか？

ひと昔前の住宅ローンの完済年齢は、70歳というのが常識でした。ところが完済を80歳に設定した金融機関が現れたことで、企業間の競争原理が働き、あれよあれよという間にどこの金融機関も完済年齢を80歳と定め始めたのです。

しかし、そこにはお客様が「80歳まで住宅ローンの支払いを続けられる」根拠など存在しません。単純に完済年齢を延ばしたことで、「35年ローンを組める年齢層を増やす」ことだけが目的の、金融機関側の戦略でしかないのです。

最近では、生き地獄ならぬ「長生き地獄」とも呼ばれる高齢者の貧困問題が社会的な課題となってきています。いや、高齢者だけの問題ではないかもしれません。石川啄木の「はたらけどはたらけど猶《なお》わが生活《くらし》楽にならざり　ぢっと手をみる」という名歌にもあるように、一生懸命に働く若い世代でも、貧困問題は待ち受けています。それこそ刑務所の囚人にすら保障される「衣・食・住」が保障されない人々が、世の中に増えつつあるのです。

2000年に販売中止となった住宅金融支援機構（旧住宅金融公庫）の「ゆとりローン」という住宅ローンがあります。終身雇用と年功序列による昇給・昇進を前提とした、5～10年間は「ゆとり期間」として支払額を抑え、その後金利が上がっていく仕組みの住宅ローンでしたが、6人に1人が破綻し、そして販売中止という事態になりました。国の金融機関すら危険視して販売を中止するような商品でしたが、その事態は先行き不透明な現代社会をまざまざと表しています。

これまで住宅営業という立場を通して、さまざまな人間模様を見てきました。始まりは皆一緒で、憧れのマイホームを持ちたいという「夢」からスタートしたにもかかわらず、そのゴール地点・結末の姿は実にさまざまでした。

最後に、私自身も住宅ローンを35年で組み、13年目で売却という結末を迎えたひとりであることもお伝えしておきます。我が家の場合は、特殊な病気による家族の長期入院が、破綻の大きな原因となりました。ただ一つ言えるのは、一度手に入れたものを「手放す」という行為は、その背景にどのような理由があるにせよ、「手に入れる」行為以上の労力が必要だということです。

幸せ絶頂の時に住宅メーカーに足を運ぶお客様で、将来「購入した住宅を手放すことがあり得る」などと考える人はいないでしょう。しかし、住宅ローンの支払いを続ける30年、35年という年月は、個人の人生の転機や変化、ひいては社会情勢の変化など、個人の努力だけではどうにもならないことが起こり得るとても長い期間です。その結果、住宅を手放す人も少なくありません。

「住宅」を失う時というのは、他のものとは明らかに違う喪失感を抱きます。住宅には「人の思い」が蓄積されています。住宅を購入して15年、20年と生活するということは、そこで子供達が生まれて、その家から学校に通い、その家から巣立っていく年月でもあります。子供達だけではありません。その家を購入した夫婦が、新婚生活を開始し、やがて老いていく年月でもあるのです。そこには目に見えない家族一人ひとりのさまざまな「想い」が蓄積されているのです。

長年住んだ我が家を手放す時、家の中にあるすべてのものを処分、または移転先に運び出さなくてはなりません。つい数日前まで生活していたありとあらゆるものを運び出し、最後にカーテンを外す……。数十年ここで過ごしてきた記憶ですら、まるで一瞬の夢を見ていたかのような感覚に陥ります。そして、西日が差し込むがらんどうになった家を見た時に込み上げてくる喪失感。これは経験した者にしか分からないでしょう……。

ここではマイホームを計画するにあたって、皆さんを取り巻く住宅業界の闇と、住宅ローンを組んだ人の末路というものにあえて焦点を当てて説明してきました。ただ、そうはいっても割合的には人生紆余《うよ》曲折《きよくせつ》を経ながらも無事「完済」する人のほうが多いのも事実です。

もし、今まさに夢のマイホーム実現に向かっている方で、本書を読み通してそれでもなお、マイホームという「夢」の実現に対して揺るぎない意思があるのなら、その思いは本物です。

ただ、35年という長くて大きな借金を背負う前に、今一度「住宅ローン」というものを正しく恐れ、冷静に考えてみる必要があるのかもしれません。

column4

もらう権利はあるが与える義務はない。不申請ではもらえない「補助金・支援金」

今、私が本書を書いているのは2020年の5月。世の中は「新型コロナウイルスの感染拡大」で自粛の最中です。こういった大きな災禍が起きた時は、必ず国や政府が「補助金・支援金」というものを出してくれるものです。新型コロナウイルスは特殊な例ですが、今までも地震大国である日本では阪神・淡路大震災、新潟県中越地震、東日本大震災、熊本地震などがありました。最近では昨年の台風15号や19号でも被害が甚大だったため、同様に補助金や支援金の申請を受け付けました。

補助金や支援金には、平常時のものと災害時のものと2種類あります。災害時は各市町村によって、また災害時に発行される罹災証明によって内容や金額が違ってきます。

このコラムでは平常時のいつでも申請できる補助金についてご紹介します。あくまで新築時の一戸建てに限っての説明ですが、ご参考までに（2020年現在）。

【すまい給付金】

消費税増税による住宅購入の負担を軽減するための給付金です。消費税10％で購入した人と、８％の時に購入した場合で変わりますが、10％で購入した人なら最大50万円が、８％で購入した人には最大30万円が支給されます。

ただし、この「最大」というのがミソで、支給額はその人の年収により変わります。ちなみに「最小」は、どちらも10万円。要は年収の高い人ですね。

50万円もらえる人は、年収４５０万円以下（消費税10％で購入した場合）で、30万円もらえる人は、年収４２５万円以下（消費税８％で購入した場合）となります。

そのほか、建物性能の条件として省エネルギー性などいろいろありますが、一般的な住宅メーカーで建てられる方は、大体その手の基準は満たしている建物なので問題ありません（※詳しくは国土交通省の「すまい給付金」サイトでご確認ください）。

【ZEH《ゼッチ》住宅／ネット・ゼロ・エネルギーハウス補助金】

こちらは利用できる方の範囲は絞られますが、太陽光で発電したエネルギーと、使用する消費エネルギーが同等になる住宅が対象となります。もちろん太陽光パネルを搭載している住宅が条件にはなりますが、１戸当たり60万円ほどの補助金が出るので、太陽光パネルを大きく搭載している方は確認してみる価値はあります。

【地域型住宅グリーン化事業補助金】

こちらはちょっと番外編にはなるかもしれませんが、長期優良住宅など省エネルギー性能に優れた木造住宅を建築する方が対象です。もちろん、一般的な住宅メーカーもこの基準は満たしてはいますが、問題は使用する木材が地域材を使っていることと、中小の住宅生産者より供給される住宅であることなど制約があります。

つまり、地元の工務店がその地域で生産された木材を使って建てる住宅でないと、支給対象にはならないのです。住宅メーカーではなく、地元の工務店で建てられる方は調べてみる価値はあります。

代表的な現行補助金は以上の3つです。その中でも収入制限はあるにせよ「すまい給付金」は、多くの人が利用できる補助金といえます。

最後に忘れてはいけないのが「浄化槽補助金」です。下水の整備されている都市部では「浄化槽」そのものがなんのことか分からないかもしれませんが、郊外の下水が整備されていない地域では「浄化槽」を各住宅に設置して、下水の代わりにここに排水する装置を付ける必要があります。

この浄化槽を新しく設置する時に支給されるのが、「浄化槽補助金」です。ただ、浄化槽補助金は各市町村の定めにより金額にばらつきがあり、市町村に予算がない時は支給されません。どこの市町村も40万～50万円くらいの支給額にはなるので、利用できるなら金額的に侮れない補助金でもあります（支給の可否や金額・手続きは各市町村のホームページに必ず記載されています）。

そして最も知っておくべき大事なことがあります。これはどんな補助金や支援金を使うにせよ、共通していえることですが、「手を挙げた人」＝「申請した人」しかもらえないということです。自宅に補助金のお知らせが郵送されてくるわけではありません。国民、市民に使う権利はあっても、国や自治体に支払う義務はないわけです。知らなければ、申請しなければ、使えないのが補助金です。

住宅メーカーの営業マンも、この補助金に関する知識にはばらつきがあるので、教えてくれる営業マンもいれば、営業マン本人も知らないなんていう場合もあります。お客様自らがアンテナを巡らし、情報を収集することが大切です。

あとがき

住宅ローンを組む……、マイホームという大きな夢を実現したその結末のすべてがハッピーエンドとは限りません。マイホームを手に入れた後の「末路」と呼ぶに相応《ふさわ》しい結末は「住宅ローン」を組んだ人にとって、誰の身に降りかかってきても不思議ではない現実です。

家を買いに来る人は「幸せの総仕上げ」という話は何度もお伝えしてきたとは思いますが、稀に「幸せを維持する」ために住宅展示場にご来場されるご夫婦もいます。つまり、夫婦関係を軌道修正するために「家」を買う人……。

夫婦関係が破綻寸前なのに、ご主人が奥様と別れたくなくて無理矢理「マイホーム」という夢を餌に展示場に来るなんてこともありました。共通の夢を持つことは確かに一時的には関係を修復してくれることでしょう。しかし結果、数年後のアフターメンテナンスで訪問してみればそこに奥様の姿はなく、それこそ「新築」の感激を得られる数年間だけを堪能して奥様は出ていき、ご主人は残された住宅ローンを支払い続けるだけの日々を送っている……。

最愛の人のために買ったその家も、最愛の人がいなくなれば、それは住宅ローンという長い支払いだけが発生する「無用の長物」となることでしょう。早く再婚相手が見つかることを祈るばかりです。

新築の時に担当したお客様がその住宅の売却をする時、売却のお手伝いまでお付き合いすることもあります……。

6年前に完成し引き渡したお客様から、ある日私の携帯に連絡がきました。「実は仕事を失い、住宅ローンの支払いが難しくなってしまった。売却するにしてもどう進めていいかも分からないし、伝《つて》もないので助けてほしい」と。厄介な依頼以外の何ものでもありませんでしたが知らんぷりすることもできず、売却までの流れを説明したり、売買専門の不動産会社を紹介したりしました。

幸いにして立地も良いこの方の住宅は、販売開始から2カ月で買い手がつき、トントン拍子で売却が決まりました。ローンの残債もなく売却手続きを終えようとする時に、お客様のほうから重い口を開きました。

「やはり、お金の問題というのは夫婦関係もおかしくしてしまいますね……。苦しい時こそ家族で助け合って、というのも限度がありますから」と。

この方は1年前から失職してアルバイトはしていたものの、その収入で一家を支えられるはずもありませんので、借金や親の援助でなんとかやり繰りして住宅を維持してきたようなのですが、お金の問題で家庭内のいざこざも日増しに増えたようです。

そして、最終的に奥様が子供を連れて実家に戻り、「離婚」という結末を迎えてしまいました。家を維持する理由もなくなり、売却に踏み切ったということです。

「仕事を失うという、ちょっとした人生のつまずきで、それもたった1年で家も家族も失ってしまうんですから、世の中ってシンプルな仕組みですね……」

そんな話を聞いたのは短期間にすべてを失い、引越した先の何もないワンルームのアパート。この世の果てを眺めるような眼差しで淡々と語る私の過去のお客様、ご家族で初めて住宅展示場に来た6年前の「幸せ絶頂」の頃の姿がフラッシュバックします。しかし今目の前にあるこの姿が、お客様の人生すごろく「上がり」の末路であることも目を背《そむ》けられない現実でもあるのです。住宅ローン……まさに払っていくのも地獄、手放すのも地獄といったところでしょう。

ちなみに、このお客様の家では可愛い柴犬も飼っていましたが、住宅を売却することで飼えなくなり、里親に出して手放さなくてはならなかったようです。今の時代は犬も家族と一緒ですから、寂しい思いをしたことでしょう。家族も犬も同時に失ったこのお客様。未だに幸せだった頃の思い出に縛られ、「犬との散歩コース」を、犬を連れずに散歩しているとのことです……。


地震・台風・水害と、被災して住み続けることが不可能になったとしても住宅ローンの返済期限は容赦なくやってくる現実……。

住宅ローンの返済中、心配なのは自身の健康や収入の変動だけではありません。地震や台風などの災害であなた自身は無事でも、建物の倒壊や水害に見舞われる可能性がありまず。台風や大雨で家が流されてしまったり、浸水したりした家屋をニュースなどで見たことがあると思います。

テレビで傍観する視聴者は、ただただ「住む場所がなくなって大変だろうなぁ」くらいの感覚でしか見ていないのではないかと思いますが、被災した人の中にはもちろん「住宅ローン返済中」の人も少なくありません。ではそんな時、住宅ローンの返済はどうなるのか？　気の毒だからと金融機関は返済を待ってくれるのでしょうか？

当たり前ですが、返済日は容赦なくやってきます。それどころか返済が遅れれば被災していようが「延滞利息」までも請求してきます。ですから、そんな時のために皆「火災保険」に加入しているのです。被災状況にもよりますが、基本、保険金額の上限までは保障してくれます。ただ、気をつけなくてならないのはその火災保険の保障内容です。

火災保険に加入している人のおよそ7割は「風水害」の保障もカバーされてはいますが、中には純粋に「火災」だけで台風や水害などは保障されていない内容の場合もあるので注意が必要です。ここ最近、日本中で台風などの自然災害で火災保険の、特に「風水害」の保険請求が増えており、２０２１年から損害保険大手4社が、19年の値上げに続き、火災保険料を再度値上げする方針になっているようです。

つまりそれだけ災害が多くなってきているということなので、もし現在加入している火災保険に「風水害」の保障が含まれていないという方は、見直しを検討することをお勧めします。

台風や水害などは保険である程度備えることは可能でしょう。問題なのは「地震」です。「地震だって、地震保険に入っていれば問題ないでしょう！」なんて言う人もいますが、それは大間違いです。ご経験された方はピンとくるとは思いますが、まずは地震保険の仕組みについてお話ししておきます。

地震保険は、その名のとおり「地震・地震に伴う火災・津波」の3つが大きな保障内容となります。問題なのは、その地震保険にかけられる保険金額は「火災保険の保険金額の30~50%の範囲」であるということ。火災保険は、住宅価格の満額保険をかけるのが一般的ですが、地震保険はその半額までしかかけられないのです。

仮に住宅価格満額の3000万円上限の火災保険に入ったとしても、地震保険はその半分の保障の1500万円が上限。2000万円上限の火災保険に入ったとしても、地震保険はその半分の保障の1000万円が上限となるわけです。お分かりですよね……。

もし地震により住宅が倒壊したとしても丸ごと一棟、住宅を建て直す金額は保険ではおりないということなのです。つまり、地震保険は、火災保険とはまったく意味合いが異なり、住宅を再建するというよりも「地震により受けた被害からの生活を立て直すための資金」、つまり見舞金に近い保険といってもいいかもしれません。

ですから東日本大震災の時は多くの人が、家屋が倒壊したにもかかわらず、資金不足で建て替えができなかったり、新たにローンを組んで住宅を再建したりするしかなかったのです。もちろん、被災して「罹災証明」を得ることで補助金や支援金を受け取ることはできましたが再建の足しになる程度で、一棟丸ごと建て直すには、とても足りる金額ではありません。

それと同様、津波の被災にも同じことがいえます。津波も地震保険の保障内容に含まれますが、東日本大震災の被害、特に当時私のいた福島県いわき市は実は地震による建物の倒壊よりも、津波の被害のほうが大きかった場所です。それこそ海岸沿いには基礎だけ残され、家を一棟丸ごと流された光景が一面に広がっていました。そこで生活していた人達も同じで、資金に余裕がある人はすぐに新しい場所に住居を持つことができましたが、住宅ローンの残債がある人などは簡単に二重ローンを組むわけにもいかず、長い期間にわたって仮設住宅での生活を余儀なくされる人も少なくありませんでした。

住宅メーカーに行くと「津波にも耐えた家」などと、津波の被災地でほかの多くの家が津波で流された中、ポツンとそこの住宅メーカーの建物だけが佇《たたず》んでいる写真をドヤ顔で見せられることも多いと思いますが、それこそ津波にはなんとか耐えたものの、丸ごと海水に浸った家にそのまま住むことなど、どう考えてもあり得ない話。そこを住める状態にするには、相当な修繕費用がかかるのはいうまでもありません。

最後に、本書は私が仕事として関わってきた一戸建てについて書いてきました。もちろん、マンションを買う人も諸制度の違いこそあれ、住宅ローンを返済していくという意味では同じです。

皆様が、夢のマイホーム生活を続けていくための一助になることを願い、筆をおかせていただきます。

二〇二〇年　夏の終わりに

屋敷康蔵

企画協力――NPO法人企画のたまご屋さん
装丁――一瀬錠二(Art of NOISE)
カバー・本文イラスト――斎藤　稔(ジーラム)

〈著者略歴〉
屋敷康蔵（やしき・やすぞう）
1970年生まれ、茨城県土浦市在住。
消費者金融に10年間勤務。多重債務救済を目的とする「おまとめローン」と称した不動産担保ローンを主力に審査・貸付けを行う。当時、多重債務者からは「救いの神」と崇められるも、2006年の法改正によるグレーゾーン金利の撤廃や過払い金返還請求等により、廃業に追い込まれ、不動産業界に転身。その後、東日本大震災直後の復興バブルに沸く、福島県いわき市での住宅メーカー勤務を経て、現在、一般社団法人建物災害調査協会理事。建物の損壊調査・自然災害調査等、調査業務をメインに、年間800棟以上の住宅に関する損壊調査を行い、コストを抑えた家屋の修繕工事を提案している。

人生を賭けて「家」を買った人の末路
年収1000万円で住宅ローン破綻する人、年収300万円でも完済できる人

2020年11月2日　第1版第1刷発行

著　者　屋敷康蔵
発行者　後藤淳一
発行所　株式会社ＰＨＰ研究所

東京本部 〒135-8137　江東区豊洲5-6-52
第一制作部　☎03-3520-9615（編集）
普及部　☎03-3520-9630（販売）
京都本部 〒601-8411　京都市南区西九条北ノ内町11

PHP INTERFACE　https://www.php.co.jp/

制作協力
組　版　株式会社PHPエディターズ・グループ

印刷所　株式会社精興社
製本所　株式会社大進堂

© Yasuzo Yashiki 2020 Printed in Japan
ISBN978-4-569-84764-1
※本書の無断複製（コピー・スキャン・デジタル化等）は著作権法で認められた場合を除き、禁じられています。また、本書を代行業者等に依頼してスキャンやデジタル化することは、いかなる場合でも認められておりません。
※落丁·乱丁本の場合は弊社制作管理部（☎03-3520-9626）へご連絡下さい。送料弊社負担にてお取り替えいたします。

PHPの本

ハーバード・MIT・海外トップMBA出身者が実践する

日本人が知らないプロリーダー論

小早川鳳明 著

経営不振に陥った大手企業を再生させてきた著者が、海外のプロリーダーと日本のリーダーとの違いを紐解き、身につけるべき知識を開陳。

定価 本体一、五〇〇円（税別）

PHPの本

世界のトップコンサルが使う

秒速で人が動く数字活用術

小早川鳳明 著

MECE、フェルミ推定、ロジカルシンキングを使ってビジネス数字の見せ方、使い方を伝授。人は、論理と数字で初めて動かせる。

定価 本体一、五〇〇円（税別）

ＰＨＰの本

夏井いつきの世界一わかりやすい俳句の授業

夏井いつき 著

超辛口コメントでテレビでも人気の著者が教える俳句の超入門書！　センス不要で、幼稚園児からシニアまで俳句が作れるようになる一冊。

定価　本体一、四〇〇円（税別）

PHPの本

リーダーとして覚えておいてほしいこと

野村克也 著

「部下が〝雑な気持ち〟を起こさないために」「固定観念は悪、先入観は罪」……印象深いエピソードとともに指導者の要諦を説く。

定価 本体一、三〇〇円（税別）

PHPの本

再起は何度でもできる

中山雅史 著

サッカーW杯初ゴールを決めた著者が、チャンスを掴み、モノにするための思考法を、Jリーグやw杯でのエピソードを交えて初公開！

定価 本体一、四〇〇円（税別）